Claude Bommertz
Le chant automatique d'André Breton
et la tradition du haut-dire

essai

Collection Pleine Marge
Peeters
2004

Portrait d'André Breton par Pablo Picasso,
gravure de la première édition de *Clair de terre*, 1923,
collection particulière. La plaque, rayée après le tirage de tête,
a fait l'objet de quelques autres tirages, conservés par André Breton.

CLAUDE BOMMERTZ

Le chant automatique d'André Breton et la tradition du haut-dire

essai

Collection Pleine Marge
Peeters
2004

*Ouvrage publié avec le concours du Fonds Culturel National
et du Ministère de la Culture, de l'Enseignement Supérieur et
de la Recherche du Grand-Duché de Luxembourg, et avec
l'aide technique du C.N.R.S. Paris.*

D/2004/0602/92
ISBN 90-429-1488-2 (Peeters Leuven)
ISBN 2-87723-803-2 (Peeters France)

TABLE DES MATIÈRES

J'ai parlé d'un certain « point sublime » dans la montagne. Il ne fut jamais question de m'établir à demeure en ce point. Il eût d'ailleurs, à partir de là, cessé d'être sublime et j'eusse, moi, cessé d'être un homme. Faute de pouvoir raisonnablement m'y fier, je ne m'en suis du moins jamais écarté jusqu'à le perdre de vue, jusqu'à ne plus pouvoir le montrer. J'avais choisi d'être ce guide, je m'étais astreint en conséquence à ne pas démériter de la puissance qui, dans la direction de l'amour éternel, m'avait fait *voir* et accordé le privilège plus rare de *faire voir*.

André Breton, *L'Amour Fou, O.C.*, t. II, p. 780

Pour produire la majesté, la grandeur d'expression et la véhémence, mon jeune ami, il faut ajouter aussi les apparitions comme le plus propre à le faire. C'est ainsi du mois que certains les appellent « fabricantes d'images ». Car si le nom d'apparition est communément donné à toute espèce de pensée qui se présente, engendrant la parole, maintenant le sens qui l'emporte est celui-ci: quand ce que tu dis sous l'effet de l'enthousiasme et de la passion, tu crois le voir et tu le places sous les yeux de l'auditoire.

Pseudo-Longin, *Du sublime*, XV.1

Introduction

« Voir et faire voir » le point sublime, Breton, en 1936, prend la mesure de son engagement et de sa passion. L'art est à nouveau reversé dans l'éthique, le poète rappelé à sa fonction sacrée initiale de guide, le soupçon d'artifice, de jeu, de feinte, écarté par l'obligation de voir soi-même ce que l'on donne à voir. Le poète et les figures de la *poësis* sont au service de sa haute passion. L'art surréaliste remonte à la source la plus sacrée de l'art – enthousiasme, fureur, possession –, certes, non pour reproduire ce qui a déjà été dit au temps des mythes et des légendes de l'Antiquité, mais pour investir, avec les connaissances modernes de la psychanalyse, de la philosophie et de la science, les voies écartées ou contrôlées par l'*Imitatio Naturae* que sont les descentes en enfer, cette exploration à la fois extatique et terrifiante de l'inconscient.

Il s'agit bien chez Breton, saisi par le charme de l'amour fou, de voir ce qu'on ne peut voir, de voir comme les dieux le temps d'un éclair, d'assujettir sa conduite au maintien de cette faculté – ne pas démériter du don, pourrait-on dire ici, du moins de cette faculté qui tient de l'exception. Et le saisissement de cette passion est tel que le désir de partage est impérieux : donner à voir ce qu'on a vu, ouvrir le cœur des hommes comme le sien s'est ouvert aux beautés originelles de l'amour et de la poésie, montrer le chemin qui mène à la révélation de soi et partager la clé qui ouvre les portes de la vision.

La notion de sublime, que Breton évoque à travers un lieu vertigineux situé dans les gorges du Vercors, nommé justement *Point sublime*, se prête bien, de par sa longue tradition remontant jusqu'à l'Antiquité, pour cerner les qualités essentielles de sa poésie. Elle permet non seulement de suivre le fil qui lie la poésie de Breton, par-delà la période classique, à la poésie sacrée des temps anciens, mais également, de saisir son irréductible originalité, son mouvement, sa visée ainsi que son rôle.

Elle a aussi l'avantage de constituer une notion aux nombreuses acceptions et qui s'inscrit dans une attitude critique favorisant la multiplicité des points de vue d'approche de l'événement artistique. « Voir et faire voir », le double projet de ce programme poétique du sublime peut être appréhendé sous différentes voies reflétant de ce fait le statut du surréalisme au sein de l'histoire des idées et de l'art: en termes éthiques, le sublime appelle un projet de vie; en termes philosophiques, il induit une manière d'être au monde et de vouloir le transformer; en termes psychanalytiques, il touche l'intimité de l'être par la sublimation des pulsions sexuelles, et, en fin de compte, en termes rhétoriques, il offre au poète une technique de la persuasion au service de l'indicible.

Mais revenons à la citation du Pseudo-Longin mise en exergue pour cerner de plus près la nature de cette vision. Ce rhéteur anonyme du IIᵉ siècle après Jésus-Christ, plus soucieux de dégager la nature extraordinaire du sublime que d'en dresser la liste des figures élues, met l'accent, comme le souligne Marc Fumaroli, sur le mode de la rhétorique, qui « achève » la nature, mais aussi sur la nature même, « sans laquelle l'art du rhéteur n'est que vain et creux artifice »[1]. La plupart des exemples donnés par le Pseudo-Longin relèvent du « référentiel naturel », relatent les actions et les dires des dieux et des hommes, concernent les seuls *adynata* dont le caractère impossible se laisse réduire à une allégorie. Avec le surréalisme, au contraire, nous sommes dans le règne de l'adynaton radical, de l'hyperbole impossible à force d'exagération (Gradus), de cette vision qui ne se laisse pas réduire à un seul sens. Chez Breton, en effet, le regard porté sur le monde s'inscrit dans une tradition philosophique (néoplatonisme, ésotérisme, romantisme) où l'homme est à la fois créateur d'univers et miroir de l'univers. Le regard y est non plus transcendant mais immanent, il utilise au figuré les fonctions de l'œil pour observer comment l'univers, par le biais de l'automatisme, se recompose en lui et avec lui. La connaissance de soi et du mystère de l'univers passe par la descente en enfer, en l'occurrence pour les modernes depuis le romantisme, par la descente dans l'inconscient, dans les obscurités de l'être et de la vie. C'est que le surréalisme à la suite du symbolisme et des romantiques a remplacé l'*Imitatio Naturae* par le surnaturel,

---

1. Marc Fumaroli, « Le grand style », dans *Qu'est-ce que le style*, Actes du colloque international, Paris, Sorbonne du 9 au 11 octobre 1991, sous la direction de Georges Molinié et Pierre Cahné, Paris, PUF, 1994, p. 146.

« dont le véhicule, comme le souligne Marc Fumaroli, est l'imagination »[2].

Ce renversement dans l'appréhension du monde, qui nous fait voir l'infini de l'univers non pas dans l'univers même, mais dans le gouffre de l'inconscient, n'est pas sans se répercuter sur le plan de l'expression: y a-t-il encore quelque chose à imiter quand on se penche au-dessus du puits de l'âme? En fait la pratique de la mimésis, entendue, au sens d'Aristote, à la fois comme imitation et recomposition des modèles donnés par la nature, n'est plus chez Breton à la base de sa poétique. C'est l'inconscient qui devient le modèle intérieur. L'œuvre surréaliste est une mimésis des pulsions de l'homme, du *pathos*, ou, plus précisément, des procédés du *pathos*, comme le souligne Jacqueline Chénieux-Gendron, « des processus primaires: celui du glissement incessant du sens, par les mécanismes de déplacement, de condensation, de surdétermination »[3]. Elle est le fruit non pas d'un travail de contrôle de l'intellect, mais de celui du hasard et du bricolage soumis aux émotions intimes de l'être. Du coup, c'est l'expression de ces émotions qui *crée* la vision dans le processus automatique de création, comme le laisse entendre le passage suivant de Breton:

> Toujours est-il que je tiens, et c'est là l'essentiel, les inspirations verbales pour infiniment plus riches de sens visuel, pour infiniment plus résistantes à l'œil, que les images visuelles proprement dites. De là la protestation que je n'ai jamais cessé d'élever contre le prétendu pouvoir « visionnaire » du poète. Non, Lautréamont, Rimbaud n'ont pas vu, n'ont pas joui *a priori* de ce qu'ils décrivaient, ce qui équivaut à dire qu'ils ne le décrivaient pas, ils se bornaient dans les coulisses sombres de l'être à entendre parler indistinctement et, durant qu'ils écrivaient, sans mieux comprendre que nous la première fois que nous les lisons, de certains travaux accomplis et accomplissables. L'« illumination » vient *ensuite*[4].

C'est bien entendu la célèbre distinction surréaliste entre invention verbo-auditive (on transmet la dictée d'une voix) et invention

2. *Ibid.,* p. 146.
3. Jacqueline Chénieux-Gendron, « Plaisir(s) de l'image », dans *Du surréalisme et du plaisir*, textes réunis par Jacqueline Chénieux-Gendron, Champs des activités surréalistes, Paris, Corti, 1987, p. 94.
4. André Breton « Le Message automatique », dans *Œuvres complètes*, Paris, Gallimard, « Bibliothèque de la Pléiade », t. II, 1992, p. 389.

verbo-visuelle (on transmet une vision), que cette citation évoque et qui est à l'origine de la différence entre l'invention surréaliste et la mimésis pseudo-longinienne. Ce n'est plus le sujet (pythie, prophète ou poète antique), saisi par l'enthousiasme, qui aperçoit une vision qui illumine et qui, au moyen du langage, la recompose, mais c'est le langage, libre de toute soumission à des formes ou des schématismes préconçus, qui, sous la poussée du *pathos* devient voix, parole créatrice d'une vision possible du sujet et du monde. C'est la parole surgie de la bouche d'ombre qui illumine après coup ou, du moins, pendant son surgissement. En ce sens, le discours automatique, contrairement au discours traditionnel du sublime qui ne fait que transmettre une vision, peut être saisi comme étant à la fois le médiateur, le révélateur et la substance de l'objet sublime.

Cette vision verbo-auditive du sublime surréaliste est hautement singulière: sous la puissance du désir les figures deviennent indécidables, lâchent les amarres du référent – du moins d'un référent conventionnel – et, quand elle surgit, la vision devient insaisissable à l'œil. En effet, il y a chez Breton, dans cette descente abyssale au centre des émotions, descente réalisée sous le « signe ascendant » pour mieux s'élever en soi et au monde[5], un double mouvement d'obscurcissement suivi d'une illumination, à l'instar de ce qu'il appelle, à propos de l'image surréaliste « la rosée à tête de chatte », « la nuit des éclairs »[6], formulation dans laquelle nous verrions bien l'étalon du sublime bretonien, et qui a été commentée par Jacqueline Chénieux-Gendron en ces termes: « la conjonction immédiate: nuit/surcroît de sens », « la longue nuit du sens, suivie de la longue étincelle de l'illumination »[7]. Ce double phénomène quasi instantané de l'éclipse du sens suivie de sa prodigieuse et proliférante réapparition, mouvement indécis entre terreur et extase, conscience

---

5. Deguy parle du « haut-profond » comme lieu naturel de la psyché: « La puissance dans le dire […] est ce qui est capable de s'accorder aux choses sublimes, de relever la psyché jusqu'à son lieu naturel qui est le haut-profond, en traversant et surmontant les différences de la diversité », « Le grand-dire », dans *Du sublime*, Paris, Belin, « coll. « L'extrême contemporain », 1988, p. 21.

6. André Breton, *Manifeste du surréalisme*, dans *Œuvres complètes, op. cit.*, t. I, 1988, p. 338.

7. Jacqueline Chénieux-Gendron, « Plaisir(s) de l'image », *op. cit.*, 1987, p. 88 et p. 89. Ce mouvement alternatif n'est pas sans rappeler un mouvement psychique propre à l'alchimie: oublier pour se souvenir, oublier pour se retrouver, s'effacer pour voir l'illumination.

incandescente de la mort et de la vie, nous le retrouvons dans un extrait à la fois poétique et théorique où Breton donne à lire, sur le mode de « l'explosante-fixe »[8], le schème *convulsif* de son lyrisme et *la vision-non-vision* du sublime qui en surgit:

> Les « beau comme » de Lautréamont constituent le manifeste même de la poésie convulsive. Les grands yeux clairs, aube ou aubier, crosse de fougère, rhum ou colchique, les plus beaux yeux des musées et de la vie à leur approche comme les fleurs éclatent s'ouvrent pour ne plus voir, sur toutes les branches de l'air. Ces yeux, qui n'expriment plus que sans nuance l'extase, la fureur, l'effroi, ce sont les yeux d'Isis (*Et l'ardeur d'autrefois…*), les yeux des femmes données aux lions, les yeux de Justine et de Juliette, ceux de la Mathilde de Lewis, ceux de plusieurs visages de Gustave Moreau, de certaines des têtes de cire les plus modernes[9].

En fait, dans ce passage où règnent des « yeux de cristal fou »[10], la poésie convulsive, ce lyrisme de la violence sous lequel « les *fleurs* éclatent », nous est présentée sous l'aspect d'une poétique du paroxysme et de l'embrasement où les yeux et les femmes tiennent lieu d'emblème. D'une part, les émotions de la joie, de la colère et de la peur sont poussées à leur extrême limite[11], et le principe de vie, reflété par les yeux aveuglés, se manifeste indifféremment à travers des êtres humains, des déesses comme des personnages littéraires, statuaires ou picturaux. La tension paroxystique est telle que Breton dépasse même le modèle poétique qu'il propose pour la poésie convulsive. La lecture des *Chants de Maldoror* stupéfie par le renversement systématique des codes romantiques; de son propre aveu, Lautréamont visait la stupéfaction, « ce sentiment de remarquable stupéfaction »[12]. Or Breton mène justement la poésie à son

---

8. André Breton, *L'Amour fou*, dans *Œuvres complètes, op. cit.,* t. II, p. 688: « La beauté convulsive sera érotique-voilée, explosante-fixe, magique-circonstancielle ou ne sera pas ».
9. *Ibid.*, p. 679.
10. André Breton, « Violette Nozières », *ibid.,* p. 221.
11. Cette alternance entre émotions contradictoires apparaît également dans l'expérience des sommeils hypnotiques faite par les surréalistes. Comme le souligne Breton « après dix jours [de cette pratique] les plus blasés, les plus sûrs d'entre nous, demeurent confondus, tremblants de reconnaissance et de peur, autant dire ont perdu contenance devant la merveille », « Entrée des médiums », dans *Les Pas perdus, ibid.,* t. I, p. 276.
12. Lautréamont, *Les Chants de Maldoror*, « chant sixième », dans Rimbaud, Lautréamont, Corbière, Cros, Paris, Laffont, coll. « Bouquins », 1980, p. 739-740.

plus haut point d'incandescence, là où terreur et extase s'enchaînent dialectiquement; il cherche autant la stupéfaction que le transport, l'effroi que l'illumination. En ce sens, Breton rejoint le sublime du Pseudo-Longin, qui souligne que « ce n'est pas à la persuasion mais à l'extase que la sublime nature mène les auditeurs »[13]. D'autre part, « les yeux de l'Argus aveugle et brillant qui veille toujours »[14] se déclinent au féminin, regardent sans voir l'impossible vision, ces « branches de l'air »; suppliciées, subversives, tentatrices ou tentées, les muses de Breton, les « femmes-enfants » donnent à voir l'invisible, et les représentations de cet invisible sont elles-mêmes « résistantes à l'œil ».

Comme on a pu le voir par le biais d'un bref coup d'œil sur l'image surréaliste dite « hallucinante »[15], le sublime est un haut état d'être, un état d'émotions élevées, pourrait-on dire, qui investit une forme pour donner à voir l'invisible. Il ne s'agit plus d'un travail conscient sur les formes pour recréer une émotion, comme c'est encore le cas chez les symbolistes, mais d'une puissance émotive – « le sublime est violence qui déséquilibre »[16] – qui crée une forme poussée à son comble, et qui utilise, presque à sa guise, les figures de la langue pour se donner à voir, pour mener l'être, qui s'est perdu dans les méandres des « mots qui font l'amour », aux abords du non-sens – par absence de sens comme par comble du sens[17]. Et la création de cette configuration particulière n'est plus un écart par rapport à une norme, au contraire, c'est avec le sublime que « se montre la norme, ou excellence, et c'est le reste, "inférieur" qui est l'exception, non l'inverse »[18].

*

---

13. Longin, *Du sublime*, I. 3, Paris, Petite Bibliothèque Rivages, traduction, présentation et notes par Jackie Pigeaud, 1991. On préférera cette traduction à celle, plus académique, de Boileau et ses émules.
14. André Breton, *Au lavoir noir*, dans *Œuvres complètes, op. cit.,* t. II., p. 672.
15. On se reportera pour l'étude des différents types d'image surréaliste à l'article de Jacqueline Chénieux-Gendron, « Plaisir(s) de l'image », *op. cit.*, p. 85-97.
16. Jackie Pigeaud, introduction au Longin, *Du sublime, op. cit.*, p. 37.
17. Jean-Luc Nancy, « L'Offrande du sublime », dans *Du sublime, op. cit.*, p. 63.
18. Michel Deguy, « Le grand-dire », *op. cit.*, p. 22.

À l'origine de cette investigation se trouve donc l'hypothèse que la poésie d'André Breton relève du lyrisme sublime ou inversement du sublime lyrique, que le souffle tend sans cesse à se surpasser, à quitter le chant des doux plaisirs de la vie pour les chants convulsifs du sens de l'être et de la vie, que le lyrisme plus qu'ailleurs s'y déploie pour s'élever dans les sphères extatiques propres au sublime, que cette trajectoire, du « cri lancé au ciel » jusqu'à « son développement et sa dissolution dans l'immensité du cosmos »[19], peut rendre compte non seulement de l'évolution de l'œuvre poétique tout entière mais également d'un recueil ou d'un poème, voire du « stupéfiant »[20] qu'est l'image surréaliste. Étudier la relation entre la passion, qui est dynamique psychique, et son expression langagière – comment et dans quel but les passions tordent les règles linguistiques, les schémas préconçus de la pensée, et génèrent des complexes figuraux sous tension – s'avère ainsi indispensable pour toute étude du texte surréaliste sous peine de manquer le nerf vital du surréalisme:

> Il est entendu que la poésie et l'art véritable sont fonctions de deux données essentielles, qu'ils mettent en œuvre chez l'homme deux moyens tout particuliers qui sont la *puissance d'émotion et le don d'expression*[21].

L'art chez les surréalistes est appréhendé à sa source la plus extrême, les pulsions. Désirs et émotions les plus radicaux sont constamment invoqués: le surréalisme est aussi une philosophie de l'éréthisme. Les acceptions du mot éréthisme rendent bien compte de l'esprit surréaliste: terme physiologique, il dénomme un « état d'irritation », d'« excitation », une « exaltation des phénomènes vitaux dans un organe »; au figuré il désigne la « violence d'une passion portée à son plus haut degré » (Littré). Il suffit, pour s'en convaincre, de se reporter aux nombreux portraits photographiques des surréalistes – et surtout ceux de Breton – marqués par des yeux « illuminés », ainsi que, bien entendu, à tout le développement de la dimension extatique de l'être dans le surréalisme. Dans ce

---

19. Jean-Michel Maulpoix, *La notion de lyrisme, Définitions et modalités, (1829-1913)*, Université de Paris X-Nanterre, Thèse de doctorat, 1987, p. 123.
20. Louis Aragon, *Le Paysan de Paris*, Paris, Gallimard, coll. « Folio », 1953 [c1926].
21. André Breton, *Position politique du surréalisme*, dans *O.C.*, t. II, p. 426. C'est moi qui souligne.

contexte, le terme « furor », défini par Corneille Agrippa (1486-1535) comme « une illumination de l'âme provenant des dieux et des daïmons » et par le Littré comme un « transport qui ravit l'âme » (le Littré distingue quatre types d'illumination, divine, prophétique, poétique et martiale) peut être considéré, dans l'esprit surréaliste, comme un équivalent de l'éréthisme. Dans le *Second Manifeste du surréalisme*, Breton évoque ce terme dans l'acception d'Agrippa:

> Avec le surréalisme, c'est bien uniquement à ce *furor* que nous avons affaire. Et qu'on comprenne bien qu'il ne s'agit pas d'un simple regroupement des mots ou d'une redistribution capricieuse des images visuelles, mais de la recréation d'un état qui n'ait plus rien à envier à l'aliénation mentale [...][22].

Le lyrisme, chez Breton, est tiré vers son expression la plus forte pour rejoindre le sublime. Il n'a rien à voir avec la position critique et littéraire réduisant le lyrisme à l'expression sentimentale du « je ». Il est, en son essence, du *pathos*, de la passion, « [c]'est mon cœur qui bat dans tes profondeurs inviolables [le volcan Teide] », comme le souligne Breton dans *L'Amour fou*[23]. Il procède pour ce faire de la convulsion et opère une transformation de l'émotion originale – autrement dit, le lyrisme tient de la sublimation, au sens alchimique comme psychanalytique:

> J'entends à ce moment [derniers mois de la Grande Guerre], par « lyrisme », ce qui constitue un dépassement en quelque sorte spasmodique de l'expression contrôlée. Je me persuade que ce dépassement, pour être obtenu, ne peut résulter que d'un afflux émotionnel considérable et qu'il est aussi le seul générateur d'émotion profonde en retour mais – et c'est là le mystère – l'émotion induite différera du tout au tout de l'émotion inductrice[24].

L'on ne s'étonnera pas que dans la poésie de Breton, le lyrisme est souvent figuré par le volcan, dont il a la force éruptive: « Adieu. Je repars sur ma roue oblongue, pareille au désir japonais de se jeter dans la gueule du volcan[25] ».

---

22. André Breton, *Second Manifeste du surréalisme*, dans *Œuvres complètes, op. cit.,* t. I, p. 820, et notes 1 et 2.
23. André Breton, *L'Amour fou, ibid.,* t. II, p. 763.
24. André Breton, *Entretiens radiophoniques, ibid.,* t. III, p. 451.
25. André Breton, *Au lavoir noir, ibid.,* t. II, p. 670.

Rappelons l'aphorisme de Valéry, qui, détourné par les soins de Breton et d'Eluard, met en valeur la face révolutionnaire du lyrisme qui n'est pas « le développement d'une exclamation » mais au contraire « [...] le développement d'une protestation »[26]. Pour le distinguer du lyrisme classique, et le relier au romantisme ainsi qu'à sa veine frénétique (romans gothiques), Dominique Combe qualifie le lyrisme surréaliste d'« exaspération du sentiment », fondé exclusivement sur la passion de l'amour fou, « c'est-à-dire le sentiment élevé à l'absolu, porté à son intensité maximale »[27], que cette passion soit d'ordre amoureux, esthétique ou moral. Enfin Marguerite Bonnet fait résonner les implications du terme « convulsif » quand elle relève que Breton situe le lyrisme

> ...dans le pouvoir émotionnel de certaines phrases ou de certaines expressions, pouvoir qui déborde leur contenu rationnel et grâce auquel, sans grand rapport avec leur contexte, se réalise une sorte de prodigieux ébranlement et de prodigieux rétablissement intéressant à la fois le corps et l'esprit: « la sensation d'une aigrette de vent aux tempes susceptible d'entraîner un véritable frisson »[28].

Contrairement à la notion de lyrisme, celle de sublime apparaît chez Breton avant tout sous forme adjectivale, mais de façon exemplaire dans la formulation du « point sublime » pour situer le surréalisme au sein d'une dynamique psychique absolue. Breton développe le point sublime plus autour de la notion d'état psychique et de son versant psychanalytique (la sublimation) qu'autour des acceptions philosophiques et rhétoriques du sublime. Toutefois, tout le développement théorique de Breton autour du point sublime montre que le sublime est une source d'inspiration essentielle à la compréhension du surréalisme.

Les liens entre l'esprit surréaliste et la notion de sublime ont été relevés par la critique, sans qu'elle s'y attarde toutefois au-delà de

---

26. André Breton et Paul Eluard, « Notes sur la poésie », dans *La Révolution surréaliste*, n° 12, décembre 1929, p. 53, col. 2; sur cette réécriture des aphorismes de Valéry, on se reportera à l'étude de Marie-Paule Berranger, « Paul Valéry corrigé par André Breton & Paul Eluard, *Notes* », dans *Pleine Marge*, n° 1, mai 1985, p. 103-106, les textes de Valéry et de Breton-Eluard en regard, p. 87-102.
27. Dominique Combe, « Rhétorique de la peinture », dans *Pleine Marge*, n° 13, *Lire le regard, André Breton et la peinture*, juin 1991, p. 81-82.
28. Marguerite Bonnet, *André Breton, Naissance de l'aventure surréaliste*, Paris, Corti, édition revue et corrigée, 1988 [c1975], p. 131-132; la citation est tirée du premier chapitre de *L'Amour fou*, *Œuvres complètes, op. cit.,* t. II, p. 678.

quelques remarques et notes. Ainsi Marc Fumaroli, préfaçant un ouvrage d'Yvon Belaval, relève le paradoxe d'une voix automatique si *éloquente* et pourtant affichée *dénuée* de rhétorique:

> L'écriture automatique et la « voyance » surréalistes, qui invitent à la stupeur, se font-elles croire par d'autres voies que les figures classiques de l'élocution? Comment distinguer l'éloquence « sublime » ou « véhémente » d'André Breton de celle de Bossuet? Tous deux prétendent même dédaigner de persuader, puisque l'un détient la vérité révélée par un dieu raisonnable, l'autre par un dieu inconscient[29].

Alors que Jacqueline Chénieux-Gendron qualifie le groupe surréaliste de « microsociété régie par une pensée *magique* »[30], Michel Beaujour met en valeur moins le liant ésotérique (analogique) du groupe que la qualité élevée de sa structure et parle du « sublime décorum surréaliste »[31]. C'est lui encore, avec Alain Michel, qui attire l'attention sur une conception sublime de la métaphore dans la filiation d'Aristote et du Pseudo-Longin. Alain Michel évoque la tentative surréaliste « de faire coïncider ces deux formes majeures de la spontanéité: l'imaginaire et l'intuition ». La métaphore surréaliste ainsi que la défense et la réhabilitation de l'irrationnel visent « à suggérer ou à révéler une certaine intuition du vrai au-delà de l'apparence ou du convenu »[32], intuition fondée sur les rapports à la fois « lointains et justes »[33] de l'image. Michel Beaujour, quant à lui, situe explicitement le « surréalisme dans la lignée du *Peri Hypsous* »[34], et relève que la sublimation, ce processus psychologique de l'élévation sublime de la charge libidinale, « est la réconciliation de

---

29. Yvon Belaval, *Digressions sur la rhétorique* suivi de *Lettre d'un apprenti*, préface de Marc Fumaroli, Paris, éd. Ramsay, 1988, p. 29.
30. Jacqueline Chénieux-Gendron, *Le Surréalisme*, Paris, Presses universitaires de France, coll. « littératures modernes », 1984, p. 14.
31. Michel Beaujour, « Surréalisme et psychanalyse: sublimation », dans *Le Siècle éclaté*, n° 3, textes réunis par Mary Ann Caws, Paris, Minard, *La Revue des Lettres Modernes*, *L'Icosathèque* (20th), 1985, p. 9.
32. Alain Michel, « Rhétorique et poétique: la théorie du sublime de Platon aux modernes », dans *Revues des Études latines*, vol. LIV, 54e année, 1976, p. 298.
33. André Breton, « Manifeste du surréalisme », dans *Œuvres complètes, op. cit.*, t. I, p. 324. J. Chénieux-Gendron parle de la « justesse » en ces termes: « […][pour Breton] il s'agit, par l'image, de créer un effet de sens, donc *de créer de la justesse*, si l'on peut dire », (*Le surréalisme, op. cit.*, 1984, p. 91. C'est moi qui souligne).
34. Michel Beaujour, « Surréalisme et psychanalyse: sublimation », dans *Le Siècle éclaté, op. cit.*, p. 9; *Peri Hupsous*, titre original de l'œuvre du Pseudo-Longin, Michel Deguy propose comme traduction « sur la hauteur », *cf.* « Le grand-dire », *op. cit.*, p. 11, note 2.

l'homme et du destin dans l'espace litigieux et pourtant codé de la métaphore »[35].

Si le sublime « paraît tout autant le germe que la fin dernière de ce procès d'arrachement perpétuel à soi et de vibration à la limite du tolérable »[36], la sublimation est le nom de ce processus d'arrachement. D'origine alchimique, processus de purification d'un corps par échauffement, la notion de sublimation est la seule voie qui permette un écoulement valorisant (par l'art, par la considération sociale) de la charge libidinale excessive. Elle s'oppose en cela à la perversion qui fixe la charge sexuelle primitive sur un objet partiel au lieu de l'objet génital, ou à la névrose qui, par absence de désobstruction, provoque l'apparition de troubles affectifs. Au-delà de la fluctuation et même de l'imprécision épistémologique du terme chez Freud, Breton récupère cette notion dans une visée résolument artistique : la création est un processus libidinal, énergie « puisée directement dans le ça, ou dans son mandant le Surmoi, une fois le moi écarté ». Paule Plouvier insiste sur le fait que Breton, contrairement à Freud, ne lie pas la notion au refoulement, à la compensation, ni même à l'enrichissement culturel. Au contraire, Breton y voit le processus par excellence « d'engendrement et de correction progressive de la réalité ». Plus encore, c'est toute la visée surréaliste qui se trouve en quelque sorte posée par ce terme :

> Le changement de but de la pulsion affirmé dans la sublimation dialectiserait ainsi le conflit entre désirs archaïques et réalité ; l'œuvre d'art serait dès lors non seulement une prime de plaisir rendant possible de supporter le poids de la civilisation, mais, comme l'a toujours postulé Breton, une prospection des possibilités humaines[37].

Ce processus de sublimation qui engage tout l'être attire l'attention sur le caractère universel de l'expérience du sublime, lequel suppose l'existence de zones sensibles dans l'être humain susceptibles de ressentir les effets positifs de ce phénomène[38]. L'universalité du sublime repose sur :

---

35. *Ibid.*, p. 18.
36. Baldine Saint Girons, « Sublimation », dans *Encyclopaedia Universalis*, t. XVII, Paris, 1985, p. 311-b.
37. Paule Plouvier, « De l'utilisation de la notion freudienne de sublimation par André Breton », dans *Pleine Marge*, n° 5, juin 1987, p. 50.
38. Burke dans sa *Recherche philosophique sur l'origine de nos idées du sublime et du beau* (1757), dégage un versant physiologique au sublime : « L'irritation suscitée par

[…] l'idée d'une structure conflictuelle de la subjectivité telle que le déplaisir ressenti à certains niveaux somatiques et psychiques est éprouvé comme le plaisir à d'autres niveaux de profondeur affective[39].

De ce caractère particulier du sublime, qui appelle l'unanimité, le Pseudo-Longin fait une règle:

> En somme, voici la règle: est sûrement et vraiment sublime ce qui plaît toujours et à tous. Quand, chez des gens qui diffèrent par leurs coutumes, leurs genres de vie, leurs goûts, leurs âges, leurs langages, les avis convergent en même temps vers un seul et même point, sur les mêmes choses, chez tous, alors, issus de témoignages discordants, comme un jugement et un assentiment viennent apporter à l'objet admiré la garantie forte et incontestable[40].

Les modalités d'actualisation de cette unanimité autour du sublime sont complexes. Le caractère sublime d'un phénomène naturel (éruption volcanique, tremblement de terre, ouragan, tornade) est *a priori* davantage susceptible de toucher tout le monde que celui d'une œuvre artistique, qui varie en fonction de la culture, de la sensibilité et de la volonté à s'ouvrir à l'incompréhensible pour en apprécier la valeur. Ainsi peut-on se demander si la réception du sublime artistique pour ceux qui ne cultivent pas la grandeur d'âme (ceux qui pratiquent l'enflure, la puérilité, la froideur (III-IV), ou « la pensée basse et ignoble » (IX,3)) est la même que pour ceux qui la cultivent? Le Pseudo-Longin ne répond pas explicitement à la question. En ce qui concerne le surréalisme, sa forte expansion au-delà des frontières et son influence radicale sur la perception du langage et de l'image dans la société moderne (l'absurde et le jeu sur le signifiant dans la publicité par exemple) montrent qu'il a su convaincre et toucher à l'universel, même si son déploiement a pris un certain temps. Tout semble indiquer que la diffusion des tech-

---

l'objet révèle, en effet, un pouvoir de contraction musculaire d'une intensité peu commune, et toute souffrance repose sur une tension extrême des nerfs » (*Encyclopaedia Universalis, Thesaurus-Index*, vol. 3, *op. cit.*, entrée « sublime esthétique », p. 2843); Breton, bien entendu, n'arrête son regard que sur l'illumination des yeux, qui, rappelons-le, sous la poussée extrême, « comme des fleurs éclatent ». 39. *Encyclopaedia Universalis, Thesaurus-Index*, vol. 3, entrée « sublime psychologique », *op. cit.*, p. 2844-a. 40. Longin, *Du sublime, op. cit.*, VII. 4.

niques surréalistes – on ne peut guère parler ici de l'esprit surréaliste – sur une grande échelle demandait un certain temps d'adaptation de la part du public d'abord choqué par le caractère excentrique des œuvres. Préoccupé davantage par les questions éthiques qu'esthétiques, le surréalisme nuance la problématique de la réception en établissant une gradation dans la compréhension de l'œuvre surréaliste. Le poète de « L'Art poétique » d'André Breton et de Jean Schuster, (*Bief*, le 1er juin 1959)[41], dit clairement que « Mes vers surprennent immédiatement » (aphorisme 12) et que cette surprise, rappelons-le, provoque des réactions pathiques différentes, de rejet, d'étonnement et de sympathie. En effet, cet art poétique distingue trois types de lecteurs: 1) ceux qui ne veulent rien entendre, « le besogneux », « la bonne âme », « les imbéciles », en fait, le « troupeau de Panurge »: ils sont soit exaspérés (aphorisme n° 3), soit scandalisés (aphorisme n° 20); 2) ceux qui se laissent impressionner; parmi ceux-ci sont inclus aussi « les orgueilleux » et « les incrédules » (*id.*, n° 1): ils sont « éblouis », « surpris »; et 3) ceux qui se laissent « impressionner » et qui « aiment » (*id.*, n° 21): à ceux-là, les portes d'une « intimité nouvelle » s'ouvrent. Le surréalisme touche d'une manière universelle, même si les réactions à ce choc émotionnel peuvent être radicalement divergentes. En cela, il tient du sublime.

Par ailleurs, les recherches récentes sur l'automatisme ont mis à jour dans l'écriture automatique le déplacement du travail rhétorique de l'*elocutio* à l'*inventio*. Parler de « travail automatique »[42] cela consiste à admettre que la dictée est soumise à des paramètres régulateurs (par exemple, variation de vitesse, lieu de départ prédéfini, jeu sur des procédés), que le premier jet est retravaillé (correction des manuscrits, collage, sélection), enfin, pendant la dictée ou la correction, que sont triées les valeurs ou les non valeurs surréalistes (d'ordre pulsionnel, affectif, appréciatif, poétique, éthique). Ce déplacement d'une activité raisonnée à une activité intuitive oblige à saisir les notions du lyrisme et du sublime au moment même où elles surgissent de notre être

---

41. André Breton et Jean Schuster, *Art poétique*, dans *Bief*, le 1er juin, 1959, réédité à Cognac par l'édition « Le temps qu'il fait », 1990. Les références renvoient à cette réédition.

42. Jacqueline Chénieux-Gendron, « Jeu de l'incipit, travail de la correction dans l'écriture automatique » dans *Une pelle au vent dans les sables du rêve, Les écritures automatiques*, études réunies par Michel Murat et Marie-Paule Berranger, Lyon, Presses Universitaires de Lyon, 1992, p. 127.

« pressé[es] de trouver le lieu et la formule »[43], à la lisière où la vie et l'art se rejoignent, se nourrissent mutuellement.

C'est donc justement ce retour aux sources de nos pulsions pour les libérer de toute entrave, pour poser la suprématie du principe de plaisir sur le principe de réalité, pour dynamiser le langage et la vie en vue de transformer le réel, qui permet d'établir un pont entre le sublime, catégorie issue d'une esthétique qui se fonde sur une réalité psychique et somatique, et le surréalisme. Déjà le Pseudo-Longin a mentionné la force prodigieuse de notre nature qui:

> …a mis directement dans nos psychés un éros invincible pour le toujours grand (*tou megalou*) et jusqu'à ce qui pour nous est tenu pour le plus démonique (*daimoniôterou*). D'où il se fait que pas même le cosmos pris dans sa totalité ne suffit à la théorie et à la réflexion de l'élan humain […][44].

De concert « voix de l'inconscient » et « voix du sujet confronté à un réel qui est la source à la fois de son pouvoir et de ses limites »[45], le sublime se donne à l'origine comme une émulation entre Thanatos et Éros, entre pulsion de mort et pulsion libidinale, dont Éros sort – du moins momentanément – vainqueur. Les limites de la vie, physiques comme morales (condition humaine, déterminations sociales), que Breton ne pouvait accepter sans réagir, ne sont pas sans pouvoir être considérées comme un des « aiguillon[s] »[46] du sublime dont parle le Pseudo-Longin; confrontés aux limites de la condition humaine (mort physique, conditions et conventions sociales considérées comme annihilantes pour

---

43. Rimbaud, « Vagabonds », *Les Illuminations*, dans *Œuvres complètes*, Paris, Gallimard, Bibliothèque de la Pléiade, 1977, p. 137: la célèbre formule s'inscrit dans un contexte sous tendu par le désir d'un retour aux sources: « J'avais en effet, en toute sincérité d'esprit, pris l'engagement de le rendre à son état primitif de fils du Soleil, – et nous errions, nourris du vin des cavernes et du biscuit de la route, moi pressé de trouver le lieu et la formule. »
44. Longin, *Du sublime*, XXXV. 2-3, traduction de Michel Deguy, « Le Grand dire », *op. cit.*, p. 15.
45. *Encyclopaedia Universalis*, *Thesaurus-Index*, vol. 3, *op. cit.*, entrée « sublime psychologique », p. 2844-a.
46. Longin, *Du sublime*, *op. cit.*, II. 2, p. 54; Hölderlin évoque lui aussi cette violence faite à ma tranquillité: « Les mortels vivent de salaire et de travail; dans l'alternance du labeur et du repos tous sont heureux; pourquoi donc ne s'endort-il jamais, l'aiguillon que je porte en mon sein. », cité par Baldine Saint Girons, « Sublimation », *Encyclopaedia Universalis*, vol. XVII, p. 311-a.

la vie psychique) les poèmes de Breton se dressent, élan vital, en un *chant-vision* convulsif particulièrement irradiant, à la fois déconstruction d'un niveau mental et social jugé abrutissant, et construction d'un niveau vital, supérieur, où l'instabilité des formes fait loi. Le surréalisme a moins un sens, nous rappelle Jacqueline Chénieux-Gendron, « qu'un rôle: celui de briser les "ordres" faux et provisoires pour prôner les désordres féconds »[47]. Le surréalisme est aussi une éthique de la liberté absolue, dans la droite lignée de l'anarchisme.

C'est avec les grands poèmes du recueil *Clair de terre* (1923) que la voix automatique de Breton acquiert le souffle du lyrisme, se voit inspirée par les muses. Les textes automatiques des *Champs magnétiques* (1920) comme de *Poisson soluble* (1924) restent du domaine du prosaïque, s'organisent plus en historiettes, en fragments d'un discours autobiographique, par exemple, qu'en poème; le transport, l'enthousiasme y est moindre. Par le biais du lyrisme, la voix automatique de Breton devient *chant automatique* de la quête du point sublime. Mais comme le lyrisme et le sublime sont deux notions à la fois divergentes et étroitement liées, il est nécessaire d'en dégager les rapports.

∗

La relation entre le lyrisme et le sublime est très étroite et varie en ses modalités selon les époques. Jean-Michel Maulpoix en expose la complexité:

> Ces notions sont parentes, tant par l'extrême élévation qu'elles évoquent, que par la manière dont elles se dérobent à l'analyse. L'on pourrait dire que tant que la subjectivité ne fut pas expressément reconnue comme le foyer de l'acte créateur, le lyrisme se nomma « enthousiasme » ou « sublime »; l'idée d'élévation morale ou d'excellence du discours l'emporta alors sur celles de sentiment et d'expression personnelle[48].

C'est que le terme « lyrisme », qui a pris son sens actuel cristallisé autour de la personne du poète seulement au début du XIXe siècle,

---

47. Jacqueline Chénieux, « Surréalisme: ordre et désordre, notes sur le problème du *sens* », dans *Le siècle éclaté*, n° 2, Paris, Minard, 1978, p. 10.
48. Jean-Michel Maulpoix, *La Notion de lyrisme*, *op. cit.*, p. 101-102.

est l'équivalent moderne des termes relevant de la possession ainsi que de l'élévation employés avant la période romantique. Le lyrisme contient en lui les notions: 1) de *fureur* (origine latine) qui désigne, au XVIe siècle, folie frénétique, passion excessive, transport qui ravit l'âme, au XVIe siècle, enthousiasme créateur du poète et au XVIIe amour violent, 2) d'*enthousiasme* (origine grecque) et de *sublime* (origine latine) pour la période classique qui reconnaît l'influence des divinités dans ces deux états d'être, sans accepter toutefois les débordements qui leur sont naturels, et, enfin, 3) d'*inspiration,* notion d'origine chrétienne médiévale, où le sujet se soumet « à la volonté infinie du créateur »[49].

C'est dire comment « naturellement » ces deux émotions que sont le sublime et le lyrisme donnent le ton de l'échange entre l'univers et les aspirations de l'être, entre les dieux et les hommes, entre la voix automatique et la voix des muses comme entre les rêves et les pensées de l'éveil. C'est dire aussi comment le lyrisme et le sublime ne se limitent pas à un genre rhétorique, mais relèvent tout autant de la religion, des passions, de la philosophie.

Du point de vue poétique, on comprend dès lors que le sublime et le lyrisme se laissent appréhender comme les deux extrêmes du mouvement créatif:

> Le sublime désigne à la fois le point vers lequel tend le discours et le mouvement qui le transporte: il prend au-dehors du poète la mesure de sa parole. Le lyrisme, pour sa part, désigne le point d'où est issu le discours ainsi que son mouvement: il prend dans le poète même la mesure de sa parole[50].

Lyrisme et sublime ont en commun l'élan, le mouvement de transport. Le lyrisme, pour sa part, s'appuie sur la subjectivité du poète, sur ses sentiments et affects personnels. Le sublime, par contre, en s'appuyant sur une base qui est hors du poète, touche comme le souligne Michel Deguy, à « l'objectivité »[51]. Jean-Luc Nancy détermine le sentiment du sublime comme étant « la sensibilité de l'évanouissement du sensible »[52], en somme, l'évanouissement de la subjectivité, c'est-à-dire, ce court instant de vertige avant l'inconscience

---

49. *Ibid.*, p. 89.
50. *Ibid.*, p. 102.
51. Michel Deguy, « Le Grand-dire », *op. cit.*, p. 20.
52. Jean-Luc Nancy, « L'Offrande sublime », *op. cit.*, p. 63.

ou le retour à la conscience pendant lequel, face à l'inimaginable, notre être et nos convictions se sentent faillir.

Ce partage convaincant entre le lyrisme et le sublime, s'il est certes restrictif en cela même que l'élan lyrique tend aussi à dépasser l'individuel pour atteindre l'universel, est toutefois efficace pour les besoins de l'analyse. Il permet en effet d'aborder les poèmes bretoniens selon un ordre à la fois déterminé et dynamique: pour le lyrisme, les composantes qui enchantent et qui concernent *l'expérience de l'intimité*, et pour le sublime, celles qui délivrent et qui concernent *l'expérience de l'abîme*, travail de sublimation de l'angoisse en émerveillement. Les deux derniers chapitres de l'ouvrage s'appuieront sur cette distinction.

Une représentation symbolique de cette tension particulière entre le lyrisme et le sublime, qui repose à la fois sur des forces antagonistes et complémentaires, nous est donnée par un moment clef du mythe d'Orphée[53], en lequel je verrais bien l'emblème de la poésie de Breton. Il s'agit du démembrement du corps d'Orphée qui a été évoqué dans différentes légendes. Que la raison de ce meurtre cruel soit la colère des dieux contre Orphée enseignant aux humains les Mystères, la jalousie de Dionysos voyant le poète se tourner vers Apollon, ou celle des femmes non aimées par le chantre d'Euridyce importe moins ici, ce qui importe c'est qu'une fois déchiqueté, Orphée continue, selon la version la plus courante dans l'Antiquité, à chanter:

> la tête et la lyre d'Orphée furent jetées dans la rivière Hèbre, d'où elles gagnèrent Lesbos en flottant au large de la côte d'Asie, la tête chantait tout en flottant[54].

Orphée, démembré, continue son chant: l'événement est à la fois lyrique et sublime. Quand il est présenté parcourant les campagnes en chantant la douleur d'avoir perdu Euridyce, l'événement ne relève que du lyrisme. Le chant lyrique de la tête décapitée d'Orphée est par contre sublime, puisque, mort, Orphée chante toujours l'amour. Selon le mode de l'éternel recommencement innervant les mythes de Sisyphe et de Tantale, Orphée est soumis

53. Pour de plus amples détails sur Orphée voir W.K.C. Guthrie, *Orphée et la religion grecque, étude sur la pensée orphique*, traduit de l'anglais par S.M. Guillemin, Payot, Paris, 1956, et plus particulièrement le chapitre « Orphée et son histoire », p. 36 à 75.
54. *Ibid.*, p. 46-47.

sans cesse à des forces contradictoires: en même temps que la fureur bachique disloque son être, son chant le réunifie. Michel Deguy rend compte de ce « jeu du sublime »

> … dans l'imminence du danger *mortel*, la puissance du pathos et la lexis « à la hauteur » mobilisent toutes les ressources (*technè*), c'est-à-dire en général l'antagonisme de la conjonction et de la disjonction, pour *exprimer* – comme on va répéter pendant des siècles l'épreuve[55].

La poésie de Breton a des points communs avec cet épisode du mythe d'Orphée. L'éclatement du sujet, du sens prosaïque, et de la continuité spatio-temporelle constitue à la fois l'expérience de l'abîme et l'expérience intime de l'amour fou: le chant même qui en résulte nous révèle les mystères de l'être et de la nature. Le point sublime est un point mental difficile à atteindre comme le rappelle ce vers de Breton: « Ma tête roule de là-haut où jamais ne se porteront mes pas »[56].

Cette double expérience de l'abîme et de l'intimité se cristallise chez Breton autour de la figure de la femme comme le dévoile explicitement un poème en prose de *Constellations* (1959) intitulé « Femmes sur la plage ». La prosopopée à l'œuvre dans ce texte prend ici la forme d'un dialogue entre le « sable » et le « liège ». Ils symbolisent respectivement la force lyrique et la force sublime qui animent les représentations de la femme:

> Le sable dit au liège:

> Comme le lit de sa plus belle nuit je *moule ses formes* qui suspendent en leur centre la navette de la mer. Je la flatte comme un chat, *à la démembrer vers tous ses pôles*. Je la tourne vers l'ambre, d'où fusent en tous sens les Broadways électriques. *Je la prends comme la balle au bond, je l'étends sur un fil, j'évapore jusqu'à la dernière bulle ses lingeries et de ses membres jetés, je lui fais faire la roue de la seule ivresse d'être.*

> Et le liège dit au sable:

> Je suis la palette de son grain, *je creuse le même vertige à la caresse. Je l'abîme et je la sublime,* ainsi les yeux mi-clos jusqu'à *l'effigie de la*

---

55. Michel Deguy, « Le Grand-dire », *op. cit.,* p. 30.
56. André Breton, « Allotropie », dans *Le Revolver à cheveux blancs, Œuvres complètes, op. cit.,* t. II, p. 74.

déité immémoriale au long du sillage des pierres levées et *je vaux ce que pour son amant,* la première fois qu'elle s'abandonne, *elle pèse dans ses bras*[57].

On aura remarqué, d'une part, la dimension convulsive du lyrisme donnée par la capacité du « sable » à mouler les formes de la femme en la démembrant d'une manière à conserver la tension de la polarité, ainsi que le développement lyrique ascendant du thème de la femme qui à partir d'un élan (« Je la prends comme une balle au bond ») mène à l'ivresse de l'enthousiasme. Un tel développement ascendant n'est pas sans évoquer la phrase de Rimbaud, que Jean-Michel Maulpoix donne comme emblème du lyrisme, « J'ai tendu des cordes de clocher à clocher; des guirlandes de fenêtre à fenêtre; des chaînes d'or d'étoile à étoile, et je danse »[58]. D'autre part, on aura remarqué que la réplique du « liège » met en valeur la chute et le vertige (« je creuse », « je l'abîme ») qui, par sublimation, transforment l'expérience mortelle en expérience du divin, et que la valeur du sublime bretonien est proportionnel à l'intensité de l'amour que l'amant porte à la femme.

En plaçant le cœur de l'homme au centre du volcan, Breton crée les conditions pour le surgissement d'un lyrisme des extrêmes: la bouleversante douceur de l'union alliée à la fureur la plus destructrice. L'expérience du point sublime est l'expérience à la fois d'un sublime lyrique, qui tend, non vers la stupéfaction face à l'infini mathématique, mais vers l'évanouissement de l'être dans la volupté, et d'un lyrisme sublime, qui transcende la volupté des sens en une expérience extatique de l'être.

*

Paradoxalement, la haute vitesse d'écriture lors de la dictée automatique – plus vite la plume file, plus pur sera le flot déversé par la bouche d'ombre – est diamétralement opposée à celle qui détermine la lecture d'un poème automatique. Breton demande à son

---

57. André Breton, *Signe ascendant, Constellations avec 22 lithographies coloriées de Joan Miró,* Paris, Gallimard, coll. « nrf/poésie », 1999, [c1968], p. 135; c'est moi qui souligne, les deux répliques sont séparées pour des raisons de clarté.
58. citation extraite par Jean-Michel Maulpoix du poème « Phrases » des *Illuminations* d'Arthur Rimbaud, *cf.* Jean-Michel Maulpoix, *La Voix d'Orphée, Essai sur le lyrisme,* Paris, Corti, 1989, p. 72.

lecteur une pratique exigeante de la lecture où la lenteur joue un rôle essentiel. Un des dangers les plus courants auquel est exposé un poème automatique lors de sa lecture est que le lecteur, habitué au texte immédiatement consommable des médias, finit par glisser sur les vers: l'esprit, inondé par trop de non sens, relâche son attention. L'entraînement de l'esprit aux lois de l'analogie souhaité par Breton demande que l'attention soit portée sans faille au moindre mot de chaque vers, seule attitude valable pour qu'il nous soit possible de saisir ce qui se trame sous nos yeux. Que l'on prenne bien la mesure de ce qui est exigé, l'investigation des poèmes de Breton nécessite en effet plusieurs lectures réalisées sous l'effort constant et infaillible d'*imaginer* ce qu'on lit – sous cette condition, le poème peut mener notre imagination jusqu'au seuil de l'inimaginable image. Le relâchement de l'attention oblige de reprendre la lecture depuis le début, le fil si fragile de l'émotion naissante de l'étrange ayant été rompu. Mais au fur et à mesure de cette pratique les poèmes finissent par livrer leur secret et l'on dégage du chaos apparent tout un monde de merveilles, une épopée des plus fabuleuses, que cet essai tente justement de présenter.

L'art poétique du surréalisme
en regard de la tradition

> N'oublions par que la croyance à une certaine néces-
> sité pratique empêche seule d'accorder au témoi-
> gnage poétique une valeur égale à celle qu'on
> accorde, par exemple, au témoignage d'un explo-
> rateur.
>
> André Breton,
> *Introduction au discours sur le peu de réalité*

La poésie de Breton s'inscrit, d'une manière singulière, dans la lignée du sacré qui, sous ses différentes formes (oracle, prière, psaume, hymne, énigme, récit mythique), s'étend des Anciens[1] aux romantiques, en passant par les courants gnostiques. Elle se laisse en effet appréhender comme une herméneutique de la destinée de l'homme et de son salut, « parole divine » où se joue la découverte de l'homme, où le langage n'est pas considéré dans sa fonction uti-litaire mais comme source de méditation, de plaisir, de terreur et de pouvoirs. Si surtout Lautréamont et Rimbaud ont réactivé, sans en être pleinement conscients, la source du *Verbe* tarie depuis l'avè-nement des temps modernes par une pratique trop raisonnée de la poésie, c'est à Breton que revient l'honneur d'avoir, d'une manière systématique, dégagé la nature et le rôle de ce souffle divin – dic-tée des dictées – à la lumière des connaissances modernes, et assuré les moyens de le provoquer ainsi que les bonnes conditions de sa coulée.

---

1. Dans le « Manifeste du surréalisme » Breton identifie explicitement les oracles des Anciens (Sibylle, Pythie, oracles de Zeus et de Dioné) comme étant la dictée d'un type de discours surréaliste parmi d'autres: « La voix surréaliste qui secouait Cumes, Dodone et Delphes n'est autre chose que celle qui me dicte mes discours les moins courroucés » (*Œuvres complètes, op. cit.,* t. I, p. 344). J'y reviendrai dans le chapitre suivant.

De l'*Art poétique*

L'abus poétique n'est pas près de finir.

André Breton,
Introduction au discours sur le peu de réalité

Par rapport aux textes majeurs qui s'affichent «art poétique», comme «Secrets de l'art magique surréaliste» (inséré dans le premier *Manifeste* du surréalisme, t. I. pp. 331-334) et «Notes sur la poésie» d'André Breton et de Paul Eluard (*La Révolution surréaliste*, n° 12, 1929), L'*Art poétique* d'André Breton et de Jean Schuster (*Bief*, 1er juin 1959) est un modèle de rigueur, de concision et de quintessence des principes régissant la poétique surréaliste[2]. Même s'il est le fruit de la recomposition ludique d'un autre texte, il n'en demeure pas moins qu'il évoque d'une manière efficace quarante ans de pratique d'écriture automatique. Il est à la fois poétique et théorique, poésie et raisonnement. Le traité affirme la toute-puissance du désir humain et de l'individu. Il s'écarte résolument des sentiers battus par Aristote et de la tradition générique inspirée par ce dernier et qui a débouché sur la théorie littéraire moderne. Cet art poétique surréaliste ne tente pas de définir le «littéraire» par le genre (épique, dramatique, lyrique), ni par le mode de création (mimésis et représentation), il ne se donne pas comme un exposé de préceptes, mais bien comme une éthique du désir humain[3]. La poétique surréaliste ne quitte toutefois pas le domaine des mots, en cela elle rappelle que le surréalisme est né d'une révolution portant

---

2. Ces trois textes reposent sur un jeu, un jeu surréaliste par excellence, qui est la recomposition ludique et jouissive d'un objet ou d'un texte reconnu dont ils détournent l'autorité: «Les secrets de l'Art magique surréaliste ont comme modèle, de par leur titre et leur facture, des livres populaires de magie en vogue à l'époque; *Notes sur la poésie* détourne un texte de même titre de Paul Valéry, publié le 28 septembre 1929 dans *Les Nouvelles littéraires*; l'*Art poétique* travaille un texte de même titre de Roger Caillois, publié avec les «Commentaires» et une réflexion sur «L'Énigme et l'Image» en 1958 chez Gallimard dans la collection NRF.
3. *Cf.* mon article «Le point sublime et les arts poétiques du surréalisme: théorie et pratique au sein de l'expérience surréaliste», dans *Pensée de l'expérience, travail de l'expérimentation au sein des surréalismes et des avant-gardes en Europe*, actes du colloque organisé par Jacqueline Chénieux-Gendron, Université Panthéon-Sorbonne, 4-6 juin 2002, Louvain, Peeters, coll. «Pleine Marge», 2004.

sur le langage, que la parole reste à l'homme son bien le plus précieux pour percer les obscurités de la vie. Il retient comme critère
de définition de la poésie moins le respect des normes formelles,
encore moins la maîtrise des procédés d'expression, que l'exigence
spirituelle d'un certain *état d'être*: entre la poésie, le poème et le
poète s'établissent des relations constitutives, l'élément unificateur
en est le désir. C'est l'exigence morale de ce culte du désir qui
garantit l'authenticité et l'efficacité de l'expression, et non le talent
artistique. Contrairement aux traités traditionnels, la présence du
locuteur est envahissante, le « je » y domine de toute sa hauteur, il
est sûr de lui et téméraire comme le suggèrent ces quelques
exemples: « J'ai ébloui... » (aphorisme n° 1), « J'ai banni... », « J'ai
fait flamboyer... », (n° 3), « J'ai exalté... » (n° 5), « J'ai tiré de
moi... » (n° 6), « J'ai voulu lui imposer... » (n° 13) « Mes vers
témoignent de... » (n° 4), « Mes vers surprennent... » (n° 12). L'audace de cette présentation rappelle – comme la mention d'Osiris
dans l'exergue le laisse entendre – l'aisance devant le danger que le
sublime poète-héros parvient à déployer en « œuvrant dans l'obscur » (n° 3) grâce à sa parfaite indépendance:

> L'âme égyptienne énumère devant Osiris les fautes qu'elle n'a pas
> commises, afin de prouver qu'elle mérite la béatitude éternelle; mais
> le poète n'a à se disculper devant aucun juge[4].

L'exergue postule que le poète est au-dessus de toute forme de jugement. « Ni Dieu, ni Maître », la célèbre devise de l'anarchisme, que
Breton enfant avait vue par hasard sur un tombeau et qui l'avait
saisi, s'y lit en filigrane. En fait, le poète est le maître et le dieu de
son art: « Je me suis proposé d'être inimitable »[5], non pas au niveau
du style, mais, avant tout de l'attitude: « J'ai montré ma maîtrise,
je n'ai pas dissimulé mes audaces » (n° 7), « J'ai été assez téméraire
pour me glorifier de ma hardiesse et la recommander comme un
principe » (n° 17). Il s'approprie ainsi toutes les caractéristiques de
la poésie sacrée que les Anciens attribuaient au souffle divin, à

---

4. André Breton et Jean Schuster, *Art poétique, op. cit.*, exergue. Le numéro de
l'aphorisme nous servira de référence au texte.
5. Entre la poésie de jeunesse et la poésie de la maturité, le changement de ton
dans la poésie de Breton est radical. Ni chez Baudelaire, ni chez Mallarmé ou
même chez Rimbaud, le passage de la période d'imitation à l'épanouissement du
style personnel n'est aussi fulgurant que chez Breton.

l'inspiration, à la possession. La voix du poète est révélation[6], enseignement et mythe à la fois, rien ne lui est donné de l'extérieur,
tout est en lui: l'inspiration, c'est les « monstres et prodiges » (n° 3),
« les songes de l'homme, ses délires » (n° 4), « les sentiments qu'on
éprouve en aveugle et qu'on ruinerait à vouloir identifier » et qu'il
doit affronter (n° 5); la révélation, c'est celle de la divinité en
l'homme, c'est, grâce au poème, la découverte agacée, stupéfiante
ou émerveillée selon le degré de réceptivité du lecteur, d'une « intimité nouvelle » (n° 5) en nous, « beauté insondable » (n° 11) qui
ouvre à l'amour (n° 21); l'enseignement, c'est mépriser la prosodie
(n° 2), les « désirs du grand nombre ou des puissants » (n° 6), c'est
« sonn[er] l'émeute », faire « flamboyer tout ce qui exaspère le besogneux et la bonne âme » (n° 3), c'est « tir[er] de moi ma règle, mon
principe et mon goût » (n° 6), c'est réduire l'imitation à son essence
même, « m'imiter (en se rendant inimitable) » (n° 7), en l'occurrence, transposer l'imitation d'un grand style à l'attitude qui préside à sa naissance, c'est préférer l'éclair dans l'obscur à l'évidence
de la clarté (n° 3); et enfin, le mythe, c'est redynamiser toute vérité
en lui redonnant son puits (n° 22), sa face obscure, son origine,
pour que, par le biais de ce ressourcement, se réalise l'affirmation
proférée par une voix ivre dans *Une saison en enfer*: « C'est oracle
ce que je dis »[7]; voix qui souffle, parenthèse sublime, dans l'*Art
poétique*.

---

6. Dans *L'Amour fou*, Breton prend soin de bien définir le sens du mot « révélation » : « De notre temps parler de révélation est malheureusement s'exposer à être
taxé de tendances régressives: je précise donc qu'ici je ne prends aucunement ce
mot dans son acception métaphysique mais que, seul, il me paraît assez fort pour
traduire l'émotion sans égale qu'en ce sens il m'a été donné d'éprouver [suite de
hasards objectifs entourant la rencontre de Jacqueline Lamba]. », André Breton,
Œuvres complètes, op. cit., t. II, p. 712.
7. Arthur Rimbaud, « Une saison en enfer », dans *Œuvres complètes, op. cit.,* p. 95.
La citation apparaît dans l'aphorisme n° 11, entre parenthèses, et sans mention de
son auteur.

Du souffle divin

> Allô, le gazon! Allô, la pluie! C'est moi l'irréel
> souffle de ce jardin.
>
> André Breton, « La forêt dans la hache »,
> *Le Revolver à cheveux blancs*

L'âme surréaliste est donc divine par la toute-puissance sublimée de sa libido. La divinité est appréhendée comme la figuration des lois (connues ou non) de l'univers ainsi que des passions ou des pulsions. Ce glissement de paradigme n'entraîne chez Breton aucune réduction du message divin à un seul sens, au contraire, il lui conserve toute sa puissance de mystère. Il reconnaît la valeur de l'énigme qui donne à l'homme l'occasion de lire la nature profonde de son être ainsi que les linéaments de son devenir, mais en plus, il assure les conditions nécessaires pour que le message surgisse dans son authenticité la plus parfaite, c'est-à-dire, qu'il soit irréductible à un sens commun, préexistant, et qu'il puisse, de par sa puissance d'étonnement, redynamiser le psychisme humain. Il n'y a là aucune démystification, aucune attitude réductionniste; la réactualisation de la parole sacrée dans le contexte moderne s'opère chez Breton dans le but manifeste d'en dégager et d'en assurer, pour l'individu, un pouvoir bouleversant, et, pour la société, un pouvoir révolutionnaire. Breton s'est laissé « posséder » par son dieu, « visiter » par les muses, il est celui qui est descendu, avec une sublime maîtrise, dans la zone interdite, où guettent la folie et la mort, pour capter ce qui s'y trame. Et pour ce faire, il n'avait pas besoin de guide, il était son propre guide: « J'ai tiré de moi ma règle, mon principe et mon goût » (n° 6).

Ce transport prend chez Breton un caractère très particulier et se trouve aux antipodes du désespoir et de l'effort. C'est en se penchant d'abord au-dessus du puits de l'âme pour écouter la voix et ainsi mieux se connaître – selon le mouvement paradoxal déjà évoqué qui permet à l'homme de mieux saisir ses semblables et le monde en se retirant en lui-même – qu'il renoue *après coup* et comme malgré lui, avec le passé. C'est l'interrogation du phénomène automatique dûment « enregistré » qui lui permet d'établir des ponts entre son expérience du « souffle divin » et celle du passé. Le Verbe est non seulement re-libéré, ré-actualisé, mais également appréhendé sous un éclairage nouveau qui tient compte de l'évolution des connaissances: inspiration, possession, fureur en tant qu'intervention divine s'avèrent être des crises passionnelles, pathologiques ou non, états psychiques que la psychologie et la psychanalyse étudient dans un but utilitaire, alors que la poésie s'en sert pour exalter l'être et l'unir au monde. Le poème est à la fois voix du présent et voix du passé qui débouchent sur le futur. Les rapports qui unissent la tradition de la poésie sacrée et les poèmes de Breton, tels qu'ils viennent d'être évoqués, ne se limitent pas à l'écoute du souffle et à une redéfinition de son origine. Dans le jeu de tension des poèmes, où se mélangent sentiments, mémoires et perceptions, l'auteur de *Liberté Grande* a perçu l'aiguillon qui anime le héros épique:

> …il s'agit très précisément du surgissement intact dans la mentalité moderne des mêmes sentiments effervescents qui pouvaient *mouvoir* le héros épique d'autrefois et se révélaient capables de « transmettre le courant » aux auditeurs des anciens poèmes: le sentiment d'« être conduit », le sens de la remise aux mains de forces surnaturelles (ou surréelles) et le sentiment débordant, vécu, de la miraculeuse *possibilité*[8].

Et Julien Gracq souligne à propos des poèmes de Breton leur affinité non seulement avec la quête de la Toison d'or, quête de ce que la raison juge impossible, prouesse qu'évoque, par exemple, l'aphorisme n° 19:

> J'ai divulgué ce qui était réputé encore inconnaissable. J'ai révéré la science la moins répandue, ce qu'il n'est pas possible de savoir, toute chose complexe que chacun suppute de la naissance à la mort…

mais également avec la quête du Graal, calice merveilleux, prodiguant nourriture (matérielle et spirituelle), illumination et invincibilité, à propos de laquelle les aphorismes suivants aux accents très percevaliens viennent à l'esprit:

> À d'autres le soin de nourrir l'âme d'aliments de première nécessité, qui ne sont pas rares, quoique indispensables à sa médiocrité stagnante. J'ai voulu lui imposer des mets luxueux et étranges, venus des antipodes ou des abîmes. (n° 13)
>
> J'ai le cœur pur… (n° 20)

---

8. Julien Gracq, *André Breton, Quelques aspects de l'écrivain*, Paris, Corti, 1982, p. 104.

L'œuvre poétique de Breton peut être également qualifiée d'homérique en ce sens qu'elle réactualise, sans effort conscient et sous une configuration radicalement différente, les thèmes traversant l'*Iliade* et l'*Odyssée*. Les poèmes nous racontent en effet le mythe des origines et du développement de la voix, du cri et du chant, l'apparition et la persistance de la parole poétique, le dialogue entre l'homme et ses forces obscures, la communion de l'homme et de la nature. Ils constituent le lieu sacré où les différents protagonistes du « je » éclaté, avec hauteur, s'affrontent et s'unissent, vivent des aventures fabuleuses, cryptogramme oraculaire donnant à lire un avenir en puissance qui ne demande qu'à se réaliser, *épopée du désir*, combats et fables, à travers les perceptions et la mémoire du poète[9]. Si, chez Homère, c'est le divin qui par son élan mesure le « diastème cosmique »[10], chez Breton, c'est bien l'imagination libérée de toutes les entraves du rationnel qui représente la seule faculté de l'homme capable de dépasser la condition humaine et d'embrasser l'infini. Le caractère auto-représentatif de la poésie se laisse donc comparer à l'épopée homérique. En ce qui concerne l'attitude du poète face aux désirs qui le submergent il est possible de le mettre en parallèle avec la figure du défunt égyptien à la recherche d'Osiris. Le héros-défunt du *Livre des Morts des Anciens Égyptiens* partage avec le locuteur de l'*Art poétique* non pas son « humilité rampante », ni ses « préoccupations très prosaïques » mais

---

9. Michel Murat souligne que l'écriture automatique, dans son principe, s'offre comme « mythe d'une épiphanie de la "voix" surréaliste, c'est-à-dire de la naissance de la poésie […]. Il renoue sans effort avec la fable antique. », Michel Murat, « Jeux de l'automatisme », dans *Une pelle au vent dans les sables du rêve, Les écritures automatiques, op. cit.,* p. 9.

10. Rappelons que le « diastème cosmique » est la sublime mesure: l'infini se mesure par le saut des coursiers divins. Longin en parle dans le chapitre IX, dans lequel il définit la grandeur de nature et la grandeur de pensée. Ce chapitre est tenu, par certains, comme « un des plus beaux monuments de l'Antiquité » (Gibbon, 1762, cité par Pigeaud, introduction au *Sublime*, p. 16) et Jackie Pigeaud lui consacre un sous-chapitre entier dans son introduction (p. 16-20). Ci-joint la citation au complet de Longin qui cite et commente Homère: « Quant à Homère, comment donne-t-il de la grandeur aux choses divines? "Toute la mesure aérienne qu'un homme voit de ses yeux, assis sur un sommet, et contemplant la mer vineuse, c'est celle que sautent les chevaux hennissants des dieux" (Hom. E 770-72). Il mesure leur saut à l'espace de l'Univers. Qui donc ne s'exclamerait pas, tout naturellement, en raison de l'hyperbole de la grandeur, que si les chevaux des dieux prennent leur élan pour un deuxième saut, ils ne trouveront plus de place dans l'Univers? », Longin, *Du Sublime, op. cit.,* IX. 5.

« une affirmation effrénée du moi immortel »[11] et la faculté de se métamorphoser. Le poète surréaliste chante les valeurs immortelles et libres de l'homme. Mais lesquelles? À la faculté du défunt égyptien de changer d'identité, le poète répond par la « perpétuelle métamorphose » des songes et des délires de l'homme (n° 4); alors que le défunt affronte les démons et est animé par des sentiments contradictoires (passions ambivalentes pour les choses terrestres et célestes), le poète, passant outre la dichotomie terre/ciel, n'affronte que des « monstres et prodiges » (n° 3) et n'exalte que les innombrables et innombrables sentiments qui ouvrent « une intimité nouvelle » dans son âme comme dans celle du lecteur (n° 5); quand le voyageur de la mort est tenu de *reconnaître* les visions en les nommant pour éviter de se perdre, le poète, au contraire, rend des oracles, et l'énigme de ses vers, dont toute glose « rend plus insondable leur beauté » (n° 11), prodigue richesse intérieure (n° 16), force d'imagination et générosité du cœur (n° 17). En somme, alors que l'âme égyptienne cherche la reconnaissance et la divinité, procédant d'un savoir acquis pendant la vie, l'âme surréaliste rejette toute *auctoritas*, cultive l'intuition, l'ouverture sans fin des possibles, consacre tous ses efforts à garantir la pureté de la source, rend justement obscur ce qui est clair pour illuminer l'être par « l'éclair »: elle est, elle-même, foudroyante et divine.

De l'ombre et de la lumière

> Sous l'ombre il y a une lumière et sous cette lumière il y a deux ombres
>
> André Breton, « Le soleil en laisse », *Clair de terre*

La qualification de « texte obscur » qu'on attribue souvent aux productions surréalistes est moins une caractéristique propre à ces textes que le reflet d'un état d'esprit peu familiarisé avec ce type de création: le texte surréaliste est obscur pour ceux qui ne savent comment l'approcher. Sans un minimum de sympathie ni de passion bienveillante, lors de la lecture, l'œuvre surréaliste se dérobe sous nos pas:

---

11. *Livre des Morts des Anciens Égyptiens* (1954), introduit et traduit par Grégoire Kolpaktchy, Paris, Stock, 1978, p. 12.

> Ceux qui aiment mes vers se les disent quand ils sont seuls et leur porte s'ouvre dans la nuit. Ceux qui aiment mes vers et qui aiment n'ont plus besoin de se les dire. (n° 21)

Qu'on se rappelle le mot d'ordre de l'auteur des *Illuminations* « Je dis qu'il faut être *voyant*, se faire *voyant* ».[12] Ce qui vaut pour le poète, vaut aussi pour le lecteur: il lui faut comprendre les implications de l'écriture automatique sur son être et exercer son esprit aux jeux des analogies pour qu'il puisse bénéficier de ses effets. Qu'on me permette de citer longuement Breton à propos de l'image surréaliste pour illustrer cette fois les effets et le mode d'emploi d'une pratique artistique fondée sur la spontanéité:

> L'attitude du surréalisme à l'égard de la nature est commandée avant tout par la conception initiale qu'il s'est faite de l'« image » poétique. On sait qu'il y a vu le moyen d'obtenir, dans des conditions d'extrême détente bien mieux que d'extrême concentration de l'esprit, certains traits de feu reliant deux éléments de la réalité de catégories si éloignées l'une de l'autre que la raison se refuserait à les mettre en rapport et qu'il faut s'être défait momentanément de tout esprit critique pour leur permettre de se confronter. Cet extraordinaire gréement d'étincelles, dès l'instant où l'on en a surpris le mode de génération et où l'on a pris conscience de ses inépuisables ressources, mène l'esprit à se faire du monde et de lui-même une représentation moins opaque. Il vérifie alors, fragmentairement il est vrai, du moins *par lui-même*, que « tout ce qui est en haut est comme ce qui est en bas » et « tout ce qui est en dedans comme ce qui est en dehors ». Le monde, à partir de là, s'offre à lui comme un cryptogramme qui ne demeure indéchiffrable qu'autant que l'on n'est pas rompu à la gymnastique acrobatique permettant à volonté de passer d'un agrès à l'autre. On n'insistera jamais trop sur le fait que la métaphore, bénéficiant de toute licence dans le surréalisme, laisse loin derrière elle l'analogie (préfabriquée) qu'ont tenté de promouvoir en France Charles Fourier et son disciple Alphonse Toussenel. Bien que toutes deux tombent d'accord pour honorer le système des « correspondances », il y a de l'une à l'autre la distance qui sépare le haut vol du terre-à-terre[13].

Ce passage tiré de l'article « Du surréalisme en ses œuvres vives » se laisse lire, du point de vue théorique, comme une première

---

12. Lettre de Rimbaud à Paul Demeny, du 15 mai 1871, dans Rimbaud, *Œuvres complètes*, *op. cit.*, 1972, p. 251.
13. André Breton, « Du surréalisme en ses œuvres vives », dans *Manifestes du surréalisme*, Paris, J.-J. Pauvert, p. 315-316, 1979 [c1962].

esquisse d'un modèle concernant le sublime bretonien. En premier, Breton d'abord rappelle, à propos de l'image surréaliste posée comme pierre angulaire de l'édifice surréaliste, sa caractéristique principale (éloignement extrême des termes qui la constituent) et les exigences de son surgissement (détente de l'être), pour ensuite nous donner les conditions nécessaires à sa bonne réception (abolition provisoire de l'esprit critique) et insister sur ses effets (dynamisme psychique fulgurant). En second lieu, il insiste sur les avantages de cette pratique. L'image surréaliste permet à l'homme de repousser les limites de l'inconnu en ce qui concerne la nature en général et celle de l'homme[14]. Ensuite, il insiste encore sur le fait que ce retour aux sources du mystère de la vie nécessite une pratique spirituelle dont l'agilité est égale à celle d'un corps soumis à un entraînement physique régulier, et enfin, il confère à cette pratique par la désignation de « haut vol » un caractère de complétude et de grandeur, seul digne, à ses yeux, de l'homme.

L'obscurité des poèmes de Breton n'est qu'apparente. La compréhension du phénomène surréaliste et une pratique régulière des jeux de l'analogie permettent de mieux saisir que la poésie de Breton relève du lumineux, et s'inscrit sous le sceau du simple et de la grandeur d'âme :

> La poésie échappe à l'insipidité, à la servilité et à la futilité de la prose, ce qui est inappréciable. J'ai fait tenir tous les drames de l'amour dans une bulle de savon. Mes vers surprennent immédiatement. Tout les distingue du langage ordinaire et l'âme s'émerveille que le mot équivoque, que la syllabe longue et trouble la ramène frémissante dans le bois. (n° 12)

Nul ornement, nulle affectation, nul effort ne viennent perturber une coulée lyrique soutenue, qu'alimente une grandeur de pensée ainsi qu'une hauteur de vue, de conception comme de sentiments[15] :

---

14. Julien Gracq, en 1950, voit le rôle du surréalisme au sein de la littérature contemporaine moins dans une vaine agitation ou dans une recherche de techniques, que dans la résolution des problèmes spécifiquement humains : « ce qu'est l'homme, ce que sont ses espoirs permis, ses pouvoirs réels, ses limites, ses perspectives et ses définitives dimensions », Julien Gracq, « Le surréalisme et la littérature contemporaine », dans *Julien Gracq*, Cahiers de l'Herne, n° 20, textes réunis par J.-L. Leutrat, 1972, p. 202.
15. Ce sont ces valeurs que Jackie Pigeaud donne pour qualifier l'expression « grandeur d'âme » chez Longin. (*cf.* son introduction au *Du sublime, op. cit.* p. 16)

Le travail, la peine? Connais pas. Je me suis souvenu qu'il était pour l'eau, entre la pluie et la source, un cheminement facile, indubitable. Je me suis présenté comme la source, produisant naturellement une eau pure. Les vers jaillissaient d'emblée. (n° 10)

J'ai ébloui jusqu'aux orgueilleux et jusqu'aux incrédules sans abuser des prestiges attachés à mon art. (n° 1)

Tous les éléments tendent à confirmer du point de vue théorique ce que Michel Beaujour souligne à propos de la parole de Breton: elle « est le guide qui initie au mystère et qui suspend le doute », tant, « de notre nuit, elle fait une transparence »[16]. La parole poétique de Breton est lumineuse au sens où elle est « gréement d'étincelles », « ce qui *éclaire* et *guide* l'esprit, ce qui rend visibles les obscurités »[17], elle prodigue pour le développement de la part obscure de l'esprit support et clarté. Cette particulière illumination, issue non de la raison, mais du tréfonds de l'âme, Aragon l'a pressentie à la parution de *Clair de terre*, recueil avec lequel Breton, pour la première fois, entre, suprêmement, en possession de soi:

Le propre de la poésie est de créer un monde. Mais une fois sur mille, la poésie réinvente la lumière. [...] Le miracle de *Clair de terre*, sans doute, est-ce un jour inconnu, duquel nous avions eu le pressentiment obscur, au réveil, certains matins d'enfance...[18].

L'obscurité engendrée par le sens attendu qui se dérobe illumine; les figures servent de support à une lumière qui éclaire l'obscurité en nous. C'est ce que relève aussi le Pseudo-Longin à propos du sublime: celui-ci se sert des figures pour briller de tous ses feux[19]. Si elles sont nécessaires à l'avènement du sublime, elles sont cependant secondaires puisque c'est l'émotion qui appelle la figure, et non l'inverse. C'est pourquoi la poésie de Breton se prête moins bien que celle de Desnos, par exemple, à une étude visant à dégager des procédés de composition où domine le jeu sur le signifiant; l'insolite provient moins d'un travail sur la syntaxe, comme c'est le

---

16. Michel Beaujour, « André Breton mythographe, *Arcane 17* », dans *André Breton*, essais recueillis par Marc Eigeldinger, Neuchâtel, Éditions de la Baconnière, 1970, p. 221.
17. Émile Littré, *Dictionnaire de la langue française*, 11e acception du mot « lumière ». C'est moi qui souligne.
18. *Paris-Journal*, 38e année, vendredi 11 janvier, 1924, rubrique « Parmi les livres ».
19. Longin, *Du sublime, op. cit.*, VII. 1-3.

cas chez Eluard, que sur la sémantique. Breton vise davantage le signifié du signe que le signifiant. En cela même il participe plus franchement que ses amis d'une tradition philosophique relevant des courants ésotériques et du romantisme, fondée spécifiquement sur le primat de l'imagination en tant que « source vivante de formes originales, principe de la fécondité infinie de la pensée[20] ». Nous nous retrouvons ainsi plutôt dans un contexte *dynamisé* où règnent les métamorphoses incessantes de l'imagination, que dans un contexte de fixation du connu, de reproduction du même, issue de la logique. De cette nature protéiforme (n° 4) et illuminante, les poèmes de Breton tirent leur capacité à être des cryptogrammes, mythes en puissance, dans lesquels le lecteur peut lire son devenir.

Du mythe

> Tu ne ressembles plus à personne de vivant ni de mort / Mythologique jusqu'au bout des ongles
>
> André Breton, *Violette Nozières*

En posant l'œuvre surréaliste comme cryptogramme, Breton soulève également la problématique du mythe qu'il nous faut aborder dans ses grandes lignes. En quoi la conception du mythe chez Breton est-elle originale et diverge-t-elle avec des courants démystificateurs de la pensée moderne? Le monde dont nous parle Homère n'a pas encore séparé le mythe du *logos*, c'est le monde mystérieux du *hieros*; les dieux et les hommes sont en constante relation, illusion et vérité, représentation et concept ne forment qu'un tout à partir duquel l'homme lit son destin et trouve un sens à l'Univers. C'est l'Âge d'or, l'âge préconscient, où l'intuition et la fable dominent les linéaments du *logos*. Lors de la séparation renvoyant le mythe à la parole des dieux et le *logos* à la parole de la raison, que Platon développe, la connaissance s'est détachée du mystère, du poétique, pour valoriser épistémologiquement la raison au détriment de l'imagination. Le surréalisme interroge cette

---

20. La citation est de Giordano Bruno. Jacqueline Chénieux-Gendron dans son ouvrage *Le Surréalisme* (*op. cit.,* p. 168), rappelle, à la suite de la citation de Giordano Bruno, le statut de l'imagination: «l'imagination a partie liée avec l'action et le sentiment; elle constitue une réalité spirituelle».

scission et se propose d'y remédier pour non seulement redynamiser la pensée, mais également, comme le rappelle Jacqueline Chénieux-Gendron, pour explorer les possibilités spirituelles de l'homme:

> La vérité scientifique est-elle toute la vérité? Ou bien le mythe ne dirait-il pas la *même* chose, mais d'une façon parfaitement irréductible à tout autre mode d'expression? [...] Le concept ne contient-il pas une part de représentations? La représentation mythique ne serait-elle pas l'autre forme d'un *même* savoir? Cette intuition est à l'origine de la démarche surréaliste[21].

C'est bien cette problématique qui se lit dans l'aphorisme n° 22, où l'évidence, le clair, est ré-articulée à sa représentation originelle, l'obscurité: «À toute vérité j'ai donné son puits». Ainsi, que le mythe soit défini 1) par sa face linguistique et pragmatique comme «un discours – suite d'énoncés ou de phrases porteuses de sens – dont l'intérêt réside dans la cohérence qu'on lui suppose et la croyance qu'on lui accorde»[22], 2) par sa face dynamique: «La condition même de viabilité d'un mythe est de satisfaire à la fois à plusieurs sens»[23] ou 3) en terme d'événement: «le mythe raconte une histoire sacrée; il relate un événement qui a eu lieu dans le temps primordial, le temps fabuleux des «commencements»[24], ou encore, 4) dans une perspective structuraliste, «L'objet du mythe est de fournir un modèle logique pour résoudre une contradiction»[25], voire, 5) sous une perspective davantage anthropologique, «le mythe serait alors l'immense discours du désir qui se manifeste partout dans des figures variées à l'infini, comme dans les combinaisons du langage lui-même»[26], ce qui compte avant tout pour Breton, ce n'est pas d'accorder sa foi à un mythe déjà formulé et reconnu, mais c'est, à partir de la reconnaissance de sa nature ainsi définie, de dégager, dans le poème, les fragments du «désir collectif»[27] pour l'élaboration d'un mythe nouveau dans lequel le monde occidental puisse trouver sa voie:

21. *Ibid.*, p. 144.
22. *Ibid.,* p. 144.
23. André Breton, *Arcane 17*, dans *Œuvres complètes, op. cit.,* t. III, p. 86.
24. Mircea Eliade, *Aspects du mythe*, Paris, Gallimard, coll. «idées, NRF», 1963, p. 15.
25. Claude Lévi-Straus, *Anthropologie structurale*, Paris, Plon, 1958.
26. Michel Beaujour, «André Breton mythographe: *Arcane 17*», *op. cit.*, p. 227.
27. André Breton, «Comète surréaliste» dans *La Clé des champs, Œuvres complètes, op. cit.,* t. III, p. 754.

...*tout se passe* aujourd'hui *comme si* telles œuvres poétiques et plastiques relativement récentes disposaient sur les esprits d'un pouvoir qui excède en tous sens celui de l'œuvre d'art [...]. Le caractère *soulevant* de ces œuvres [...], la résistance qu'elles opposent aux moyens d'appréhension que confère, en son état actuel, l'entendement humain [...], en même temps que l'*aise* extrême, comme pré-extatique, dont il arrive qu'elles nous comblent [...] sont pour accréditer l'idée qu'un *mythe* part d'elles, qu'il ne dépend que de nous de le définir et de le coordonner[28].

Le poème se lit ainsi non seulement comme œuvre poétique, mais également comme œuvre mythique. Il s'offre en tant qu'ensemble de signifiants à partir duquel le lecteur enthousiasmé peut dégager, à l'instar du kabbaliste face au texte sacré ou des élèves de Léonard de Vinci face au mur, un effet de sens[29]. Quand on ajoute à cet état de fait la caractéristique principale de l'écriture bretonienne, en l'occurrence, sa faculté de glisser du théorique vers le poétique et vice versa, on comprend mieux comment le mythe, selon la perpective de Breton, tente, par l'instauration d'un système de vases communicants entre l'action et la connaissance, l'être et le savoir, la figure et le concept, d'atteindre une sorte de « rationalité supérieure »[30] où le mythe communie à nouveau avec le logos. En somme, il s'agit de la mise sous haute tension de l'obscurité et de la lumière – Osiris est un dieu noir –, de ravir dans la profonde noirceur de la nuit en Haïti « l'envol d'aigrettes au front de l'étang où s'élabore le mythe d'aujourd'hui »[31]. Il saute aux yeux que le retournement est de nouveau à l'œuvre: le mythe surréaliste tel qu'il surgit dans les textes automatiques ne s'impose pas du dehors, n'est pas donné une fois pour toutes. Il est à construire chaque jour. Fruit de la redynamisation générale de formes issues de la mémoire et, plus particulièrement, de la redynamisation d'un ou

---

28. André Breton, « Devant le rideau », *ibid.,* t. III, p. 749.
29. Paule Plouvier souligne que « lorsqu'il est question du mythe dans le surréalisme il ne s'agit pas tant d'adhérer à un récit fondateur des origines que de rechercher dans une pratique analogique et unitaire un dynamisme: celui qui est capable de ressourcer indéfiniment la nomination et de surmonter l'aliénation réciproque de l'homme et du monde. », Paule Plouvier, « Utopie de la réalité, réalité de l'utopie », *Mélusine*, n° VII, 1985, p. 88.
30. Jacqueline Chénieux-Gendron, *Le Surréalisme, op. cit.*, p. 148.
31. André Breton, « La nuit en Haïti [...] » (janvier 1946), dans *Xénophiles*, repris dans *Signe ascendant, op. cit.*, p. 88.

de plusieurs mythes déjà établis, le mythe surréaliste est, en sa forme, un cryptogramme, un ensemble de signifiants sans « bon sens », et, en sa fonction, un réservoir de potentialité dans lequel le lecteur ou une société donnée réinvente, pratique désirante, sa raison d'être. On perçoit aussi plus aisément le cheminement du sublime bretonien dans le contexte épistémologique de la relation entre le mythe et le *logos*: tout en conservant au rationnel sa valeur d'accroître le champ des connaissances et d'éviter à l'homme de faire fausse route par aveuglement, il tend, avec la clarté de la raison et le stupéfiant de l'image, à rejoindre l'état de grâce d'un Âge d'or ainsi *métamorphosé* et *réactualisé*. De cette manifestation originale du mythe, Julien Gracq distingue deux mouvements contradictoires, l'un est effort et se sert comme point de départ du rationnel, et l'autre est détente et part de l'imagination:

> …tension vive, chez Breton, entre l'éblouissement, condensation du rationnel en un point jusqu'à sa plus haute incandescence et la fureur, relâchement intégral des forces vitales de la vie de l'imagination contenu en un point secret en nous[32].

Les grands poètes contemporains, de leur vivant, à l'instar des grands visionnaires du passé, peuvent être considérés comme des oracles modernes. Dans leurs paroles la société peut entendre la préfiguration de l'avenir.

Il nous reste à aborder les convergences et les divergences entre le traité du sublime du Pseudo-Longin et le discours théorique du surréalisme sur la poésie. Cet examen s'effectuera à partir des critères du sublime, ainsi que de sa visée et de ses apparitions.

Du haut-dire

> Dis ce qui est dessous parle / Dis ce qui commence
> André Breton, *Les États généraux*

Les exemples que le Pseudo-Longin utilise dans son ouvrage sur le sublime pour illustrer son propos relèvent tout autant du domaine de la poésie que de celui de la prose. Les auteurs préférés

---

32. Julien Gracq, *André Breton, Quelques aspects de l'écrivain*, dans *Œuvres complètes*, t. I, Paris, Bibliothèque de la Pléiade, 1989, p. 471.

du Pseudo-Longin touchent à tous les genres. Ce sont, par ordre
de prédilection, l'aède Homère, les orateurs Démosthène et Cicé-
ron, ainsi que le philosophe Platon. L'effort pour cerner l'essence
du sublime prime sur son mode d'expression. Le Pseudo-Longin se
distingue des rhéteurs, épris de formulations recherchées, en citant
de Moïse une affirmation sans relief particulier comme exemple
du sublime divin: «Dieu a dit [...] [q]ue la lumière soit, et elle fut;
que la terre soit, et elle fut.»[33]. Cette capacité du sublime à passer
outre les genres tire son origine de la nature même du sublime, qui
se présente en nous comme un donné naturel promis à un enseignement. Ce rapport entre la nature et l'art ne se règle pas, comme
le souligne Pigeaud, en termes d'«un avant et [d']un après, mais
en acte»[34]; la nature contient de l'art, et l'art contient de la nature.
Le Pseudo-Longin évoque cette relation d'une manière détournée
à partir de la subdivision des cinq sources du sublime, en sources
naturelles – pensée (*noésis*) et passion (*pathos*) – et en sources arti-
ficielles – figures, choix des mots, synthèse rythmique:

> Mais ces deux premières sources du sublime [pensée et passion] sont,
> pour la plus grande part, des donnés constitutifs naturels; quant aux
> autres [figures, choix des mots, rythme], elles *passent aussi* par la tech-
> nique [...][35].

On voit de quelle manière cette approche s'écarte radicalement
des présupposés des sciences modernes du langage largement fondées sur le structuralisme. Elle participe en effet d'une tradition
philosophique qui se fonde sur les passions et l'imagination plus
que sur la raison et s'adapte en ce sens à l'exigence du surréalisme
de ressourcer l'art à la vie. La nature du sublime s'établit sur cette
conjonction. Le sublime est en nous à l'état naturel, ce que le
Pseudo-Longin appelle la grandeur de nature. Il nécessite un enseignement éthique adéquat pour se développer, c'est ce qui mène
l'homme à la grandeur d'âme:

> La grandeur [de nature] abandonnée à elle-même, sans la science, pri-
> vée d'appui et de lest, court les pires dangers, en se livrant au seul
> emportement et à une ignorante audace; car s'il lui faut souvent l'ai-
> guillon, il lui faut aussi le frein[36].

---

33. Longin, *Du sublime, op. cit.*, IX. 9; la citation du législateur des juifs provient
de la *Genèse*, 1. 3-9.
34. *Ibid.*, introduction de J. Pigeaud, p. 9.
35. *Ibid.*, VIII. 1. C'est moi qui souligne.
36. *Ibid.*, II. 2.

La citation insiste sur les effets négatifs d'une nature sublime laissée à elle-même. La suivante, quant à elle, développe les effets bénéfiques d'une nature sublime éduquée, et illustre parfaitement l'attitude exigeante du surréalisme face à la vie :

> …puisque l'emporte sur toutes les autres la première source, je veux dire la grandeur de nature, il faut même là, et même s'il s'agit d'un don plutôt que d'un acquis, malgré cela donc, et dans la mesure du possible, éduquer les âmes en direction du grand, et les rendre toujours enceintes, si l'on peut ainsi s'exprimer, d'une exaltation généreuse[37].

Cette ambition trouve son moyen d'expression préféré dans le discours ; le point de jonction le plus solide entre le sublime et le surréalisme se situe en effet au niveau du langage : le Pseudo-Longin nous rappelle que « l'homme est fait, par nature, pour les discours »[38], et que

> …le sublime est en quelque sorte le plus haut point, l'éminence du discours, et que les plus grands poètes et prosateurs n'ont jamais tenu le premier rang d'un autre lieu que de là ; et que c'est de là qu'ils ont jeté autour du Temps le filet de leur gloire[39].

et Breton, en 1953, souligne qu'il

> …est aujourd'hui de notoriété courante que le surréalisme, en tant que mouvement organisé, a pris naissance dans une opération de grande envergure portant sur le langage. […] De quoi s'agissait-il donc ? De rien de moins que de retrouver le secret d'un langage dont les éléments cessassent de se comporter en épaves à la surface d'une mer morte[40].

En ce qui concerne les critères du sublime, le Pseudo-Longin en relève deux que l'*Art poétique* d'André Breton et de Jean Schuster évoquent également. Il s'agit, en premier, du mépris des choses basses : « Rien n'est grand qu'il soit grand de mépriser, comme richesses, honneurs, distinctions, tyrannies »[41], et l'on se rappelle le dédain du locuteur de l'*Art poétique* pour le métier littéraire et les désirs de peu d'envergure de la masse. En second, le sublime touche

37. *Ibid.*, IX. 1.
38. *Ibid.*, XXXVI. 3.
39. *Ibid.*, I. 3.
40. André Breton, « Du surréalisme en ses œuvres vives », dans *Manifestes du surréalisme*, Paris, J.-J. Pauvert, p. 311.
41. Longin, *Du sublime, op. cit.*, VII. 1.

tous les hommes. Indépendamment du mode de réaction, le sublime ne laisse personne indifférent, il est universel; est sublime « ce qui plaît toujours et à tous »[42]; « alors, suggère Michel Deguy, c'est l'objectivité »[43]. Ces critères de l'unanimité trouvent leur équivalent dans l'*Art poétique* par des formules comme « J'ai ébloui *jusqu'aux* orgueilleux et *jusqu'aux* incrédules » (n° 1, c'est moi qui souligne). Le caractère sublime de la poésie surréaliste se précise: même mode préféré d'expression, mêmes critères, et par conséquent, même rejet des formes caricaturales du grand: le sublime du Pseudo-Longin évite la grandiloquence, l'enflure, la puérilité, la froideur et les passions hors de propos[44] comme l'*Art poétique* préconise la modération dans l'utilisation des artifices poétiques (n° 1) et l'exclusion des platitudes et des évidences (n° 8). À ces points de convergences entre sublime et poésie surréaliste s'ajoute celui de la visée. L'objectif est le même de part et d'autre, c'est le surhumain, le plus grand que notre condition mortelle qui est recherché (XXXVI), « l'inexprimable » (n° 18), « la science la moins répandue, ce qu'il n'est pas possible de savoir » (n° 19). Le texte sublime et le texte bretonien ne visent pas une cible, mais recherchent l'éloignement maximal de la flèche, ce n'est pas l'adresse qui compte – la précision du tir de l'archer, l'objet choisi d'avance et visé consciencieusement – mais la force de l'élan qui dépasse la mesure de l'univers (XXXV. 3), la force de l'imagination qui rejoint les antipodes et les abîmes (n° 17 et 13). Sur un autre plan, le double but de ce type particulier de visée est de rejoindre le divin en l'homme, « l'inconnaissable » (n° 19) et de faire vivre à autrui cette expérience d'une manière aussi bouleversante qu'elle l'a été pour l'auteur:

> ...la finalité [du sublime] n'est pas la persuasion dont nous pouvons disposer. Le choc surprend le jugement et nous fait sortir de nousmêmes, nous plonge dans l'extase. Est grand ce qui coupe le souffle, d'émoi et de surprise [...][45].

> ...comme je [le Pseudo-Longin] ne cesse de le dire la résolution et la panacée de toute audace d'expression résident dans les actions proches de l'extase et de la passion[46].

42. *Ibid.*, VIII. 5.
43. Miche Deguy, « Le Grand-dire », *op. cit.* p. 20.
44. On se portera aux sections III et VI du traité de Longin.
45. Jackie Pigeaud, introduction au *Du Sublime* de Longin, *op. cit.*, p. 37.
46. Longin, *ibid.*, XXXVIII. 5.

Breton rappelle les expériences bouleversantes de l'écriture automatique et des expériences du sommeil hypnotique, qu'il fallut
arrêter d'urgence à cause des risques de folie, voire, dans le cas des
sommeils, des risques de mort d'homme. Ainsi pour les moments
d'exaltation, Breton déclare à propos de l'expérience des *Champs
magnétiques* qu':

> …[i]l n'en est pas moins vrai que nous vivions à ce moment dans
> l'euphorie, presque dans l'ivresse de la découverte. Nous sommes
> dans la situation de qui vient de mettre au jour le filon précieux[47];

et, à propos de l'expérience des sommeils hypnotiques, que:

> …nous l'avons vécue dans l'exaltation. Tous ceux qui ont assisté aux
> plongées journalières de Desnos dans ce qui était vraiment l'inconnu
> ont été emportés eux aussi dans une sorte de vertige; tous ont été sus-
> pendus à ce qu'il pouvait dire, à ce qu'il pouvait tracer fébrilement
> sur le papier[48];

en ce qui concerne les dangers, Breton nous apprend:

> *Les Champs magnétiques* ont été écrits en huit jours. On n'en pou-
> vait, malgré tout, plus. Et les hallucinations guettaient. Je ne crois
> pas exagérer en disant que rien ne pouvait plus durer […][49];

> Les « sommeils », non seulement provoquaient, sur le plan sensoriel,
> des désordres du même type mais, en outre, développaient chez cer-
> tains des sujets endormis une activité impulsive de laquelle on pou-
> vait craindre le pire. Je me souviens […] [d'u]ne autre fois, […] nous
> dûmes maîtriser Desnos endormi qui, brandissant un couteau, pour-
> suivait Eluard dans le jardin[50].

Le choc qui émeut, et qui relève d'une poétique de la surprise
déjà évoquée par Aristote, n'est pas étranger à la poétique de la surprise, chère à Apollinaire, et que les dadaïstes ont approfondie par
leurs expériences sur les messages subliminaux. Dans l'art poétique

---

47. André Breton, *Entretiens radiophoniques* dans *Œuvres complètes, op. cit.,* t. III,
p. 461.
48. *Ibid.,* p. 481.
49. André Breton, « En marge des Champs magnétiques », dans *Change,* n° 7,
Paris, Seuil, 1970, p. 23. Breton, dans *Nadja (Œuvres complètes, op. cit.,* t. I,
p. 658), raconte les effets d'une de ces hallucinations qui l'a tenu en haleine toute
une après-midi.
50. André Breton, *Entretiens radiophoniques,* dans *Œuvres complètes, op. cit.,* t. III,
p. 482-483.

surréaliste, le poète exige l'éblouissement (n° 1), et soutient que, surprise par les vers, «l'âme s'émerveille que le mot équivoque, que la syllabe longue et trouble la ramène frémissante dans les bois» (n° 12). Les moyens pour réaliser ces objectifs sont la force et la violence, la jeunesse et la vigueur. Jackie Pigeaud rappelle que le sublime du Pseudo-Longin implique une grande force pour «se maintenir sur les hauts plateaux sans faille», une «puissance à s'épandre en passions ininterrompues», qu'il nécessite l'agilité du sportif et de la jeunesse[51]: le Pseudo-Longin mentionne «la passion violente […] créatrice d'enthousiasme»[52]. Breton insiste sur le fait que la pratique de l'écriture automatique est exigeante, nécessitant:

> …une tension, un effort des plus soutenus. Encore aujourd'hui, il me paraît incomparablement plus simple, moins malaisé de satisfaire aux exigences de la pensée réfléchie que de mettre en disponibilité totale cette pensée, de manière à ne plus avoir d'oreille que pour «ce que dit la bouche d'ombre»[53].

Par ailleurs, la violence, chez Breton, est une attitude qui le caractérise plus spécifiquement, et la jeunesse, un état d'esprit qu'il a toujours promu comme étant un des garants de la vitalité du surréalisme: «Le surréalisme, je le répète, est né d'une affirmation de foi sans limites dans le génie de la jeunesse»[54]. En ce qui concerne plus particulièrement la violence, Breton, en effet, use naturellement de celle-ci avec une intensité égale à celle, physique et morale, endurée durant la fin de son adolescence pendant la Grande Guerre: d'aucuns ont tâté de ses coups de poings qui ne se limitaient pas toujours au sens figuré. Le jeu de la violence dadaïste n'était que la première forme de révolte et de subversion que Breton et ses amis ont utilisée pour «faire valoir les droits de la poésie, du rêve, de l'amour et, quant à nous, en finir avec tout ce qui pouvait se mettre en travers. La plus extrême violence était de rigueur»[55]. Plus tard,

---

51. Jackie Pigeaud, introduction au *Du Sublime* de Longin, *op. cit.*, p. 36-37; rappelons que Breton compare l'agilité nécessaire à l'esprit pour saisir le «haut vol» analogique à celle nécessaire en gymnastique pour se mouvoir sur les agrès.

52. Longin, *ibid.*, VIII. 1.

53. André Breton, *Entretiens radiophoniques,* dans *Œuvres complètes, op. cit.,* t. III, p. 478-479.

54. André Breton, «Situation du surréalisme entre les deux guerres» dans *La Clé des champs, ibid.,* t. III, p. 714.

55. André Breton, «Sur Robert Desnos», dans *Perspective cavalière*, Paris, Gallimard, NRF, 1970, p. 179.

Breton insiste, en parlant des grands esprits qui, de leurs œuvres, élargissent l'horizon humain, sur la relation étroite entre le génie et la violence qui les anime – formulation qui se laisse parfaitement lire comme s'appliquant à Breton lui-même:

> Ce n'est une révélation pour personne de découvrir que tout grand poète ou artiste est un homme d'une sensibilité exceptionnelle et, dans la recherche des circonstances biographiques par lesquelles il a passé, recherche poussée souvent plus loin que de raison, le public a coutume de lui prêter des réactions d'une violence proportionnée à son génie[56].

Il s'agit ici d'une violence qui compose, et non pas d'une violence qui tue pour tuer. Jackie Pigeaud, dans son introduction au *Du sublime*, rappelle que l'art est aussi violence faite à la sensibilité, à une appréhension mécanique du monde, rapt et viol de notre conscience du moment, effet sublime par excellence ressenti par l'auditeur ou le lecteur:

> Je crois que notre siècle si violent a perdu le sens de la violence de l'art que Plotin définissait par ses effets: « Stupeur, choc suave, désir, amour et terreur accompagnée de plaisir »[57].

Pour créer ce choc, le sublime utilise les apparitions et le raisonné, c'est-à-dire, l'*idolopée* et la *logopée*. Le poète use autant des effets de la vision que de ceux de la raison: en somme, les deux moyens sont mis à la disposition de l'effet sublime. Le haut-dire tient, dans la poésie, de la conjonction de tous les moyens et éléments utilisés. Il est le liant, le rythme de l'unité retrouvée. Entre le motif et l'expression existe une relation étroite qui fait que celui-là contraint celle-ci: Michel Deguy souligne ce que le Pseudo-Longin a déjà relevé chez Homère sur l'empreinte du fond dans la forme « *Le poème fait ce qu'il dit*, comme y insisteront, des dizaines de siècles plus tard, les poéticiens modernes »[58]. Mais chez

---

56. André Breton, « Position politique de l'art d'aujourd'hui » dans *Position politique du surréalisme, Œuvres complètes, op. cit.,* t. II, p. 426.

57. Jackie Pigeaud, introduction au *Du Sublime* de Longin, *op. cit.*, p. 38. Dans le même registre, Aristote considère la colère comme une passion contribuant à la grandeur d'âme: « colère et courage nous transportent de la même façon et nous font faire les mêmes prouesses », *Éthique à Eudème*, III, I, 1 229 a 25, cité par Janine Fillion-Lahille, *Le « De Ira » de Sénèque et la philosophie stoïcienne des passion*, Paris, Klincksieck, 1984, p. 205.

58. Michel Deguy, « Le Grand-dire », *op. cit.*, p. 27.

le Pseudo-Longin subsiste, malgré son enthousiasme pour la déme-
sure, une réserve. Rappelons la restriction: « car s'il lui faut souvent
l'aiguillon, il lui faut aussi le frein »[59]. Cette réserve porte sur la
nature illimitée des apparitions dans la mesure où les « poètes présentent une exagération plus mythique et qui dépasse complètement la croyance » et que, en ce qui concerne les orateurs, « les
excès sont dangereux et étranges quand la fabrication du discours
est poétique et tombe complètement dans l'impossible »[60]. C'est la
notion de l'*adynata*, de l'invraisemblance, chère aux Grecs, qui doit
se laisser réduire à l'allégorie afin d'éviter l'inconvenance. Le
Pseudo-Longin tient encore les rênes de l'imagination, Breton les
lâche. C'est là, comme je l'ai déjà évoqué dans l'introduction, une
position radicalement différente que Breton tient par rapport à
l'Antiquité et aux courants philosophiques qu'elle a inspirés.
Horace commence son *Épître aux Pisons* par les vers suivants:

> Supposez qu'un peintre ait l'idée d'ajuster à une tête d'homme un
> cou de cheval et de recouvrir ensuite de plumes multicolores le reste
> du corps, composé d'éléments hétérogènes; si bien qu'un beau buste
> de femme se terminerait en une laide queue de poisson. À ce spec-
> tacle, pourriez-vous, mes amis, ne pas éclater de rire? Croyez-moi,
> chers Pison, un tel tableau donnera tout à fait l'image d'un livre dans
> lequel seraient représentées, semblables à des rêves de malade, des
> figures sans réalité, où les pieds ne s'accorderaient pas avec la tête,
> où il n'y aurait pas d'unité. – Mais, direz-vous, peintres et poètes
> ont toujours eu le droit de tout oser. – Je le sais; c'est un droit que
> nous réclamons pour nous et accordons aux autres. Il ne va pourtant
> pas jusqu'à permettre l'alliance de la douceur et de la brutalité, l'asso-
> ciation des serpents et des oiseaux, de tigres et des moutons.[61]

Batteu, par exemple, dix-huit siècles plus tard, abonde encore dans
ce sens quand il définit le merveilleux de l'Épopée en des termes
similaires à ceux que le Pseudo-Longin réserve aux invraisemblances
de l'*Odyssée*:

> Le merveilleux de l'Épopée, s'il est sensé & raisonnable, se réduit
> donc à tirer le voile qui couvre les machines qui font jouer la nature,
> & à représenter la conduite de Dieu, telle que la Religion nous la fait

---

59. Longin, *Du sublime, op. cit.,* II. 2.
60. *Ibid.,* XV. 8.
61. Horace, *Art poétique, épître aux Pisons,* texte établi, traduit et annoté par
François Richard, Paris, Garnier, 1931, p. 263.

connoître, par rapport aux choses humaines. Quand il passe ses limites, ce n'est plus qu'un vain emportement d'une imagination égarée. Si on s'avise pour varier un sujet, de faire voler les poissons à travers les forêts, de promener des sangliers dans les mers; je suis blessé de cette folie: *Incredulus odi.* Je compare le poëte à ces faiseurs de contes de Fées, à qui est permis de bâtir des châteaux de crystal, & de voyager avec des bottes de sept lieues[62].

C'est justement la dernière phrase qui constitue une définition du merveilleux dans une perspective surréaliste, et l'on mesure aisément le gouffre qui sépare les deux positions en matière d'imagination. Il en ressort clairement que le choc sublime que provoque, selon le Pseudo-Longin, l'apparition (Pseudo-Longin, XV, 11) sera, dans la perspective surréaliste privilégiant la liberté, infiniment plus bouleversant. Interventions des dieux, oracles, songes, délires, visions de la folie, ce que les Grecs opposent soigneusement au vraisemblable fondé sur la nature, le surréalisme le refond en un « lieu », l'inconscient, en une dynamique inventive, la libido sublimée et en un mode de surgissement, le verbo-auditif; ce que les Grecs considèrent comme étant facéties des dieux, égarement de l'esprit ou maladie « mentale », les surréalistes, au contraire, le placent très haut, à l'origine même du principe de vie et de vitalité, générateur de « châteaux de cristal », de « bottes de sept lieues » et de « branches solaires ».

Pour clore ce chapitre laissons la parole à Breton qui, dans son *Introduction au discours sur le peu de réalité,* évoque d'une manière précise et concise les caractéristiques sublimes de la poésie surréaliste, en l'occurrence, sa grandeur d'âme, son audace, son désir de l'inexprimable:

> La médiocrité de notre univers ne dépend-elle pas essentiellement de notre pouvoir d'énonciation? La poésie, dans ses plus mortes saisons, nous en a souvent fourni la preuve: quelle débauche de ciels étoilés, de pierres précieuses, de feuilles mortes. Dieu merci, une réaction lente mais sûre a fini par s'opérer à ce sujet dans les esprits. Le dit et le redit rencontrent aujourd'hui une solide barrière. Ce sont eux qui nous rivaient à cet univers commun. C'est en eux que nous

---

62. L'Abbé Batteux, *Cours de Belles-lettres distribué par exercices*, « IV, Traité de la poésie épique », « Chapitre IX, Manière d'employer le Merveilleux », p. 267-68; cf. page 172 de l'édition Slatkine Reprints, Genève, 1967, réimpression de l'édition de 1775; orthographe respectée, et dans la citation, et dans les intitulés.

avions pris ce goût de l'argent, ces craintes limitantes, ce sentiment de la « patrie », cette horreur de notre destinée. Je crois qu'il n'est pas trop tard pour revenir sur cette déception, inhérente aux mots dont nous avons fait jusqu'ici mauvais usage. Qu'est-ce qui me retient de brouiller l'ordre des mots, d'attenter de cette manière à l'existence toute apparente des choses! Le langage peut et doit être arraché à son servage. Plus de descriptions d'après nature, plus d'études de mœurs. Silence, afin qu'où nul n'a jamais passé je passe, silence! Après toi, mon beau langage. Le but, assure-t-on, en matière de langage, c'est d'être compris. Mais compris! Compris de moi sans doute, quand je m'écoute à la façon des petits enfants qui réclament la suite d'un conte de fées. Qu'on y prenne garde, je sais le sens de tous mes mots et j'observe naturellement la syntaxe (la syntaxe qui n'est pas, comme le croient certains sots, une discipline). Je ne vois pas, après cela, pourquoi l'on se récrierait en m'entendant soutenir que l'image la plus satisfaisante que je me fasse en ce moment de la terre est celle d'un cerceau de papier[63].

---

63. André Breton, « Introduction au discours sur le peu de réalité », dans *Point du jour, Œuvres complètes, op. cit.,* t. II, p. 276-277.

« Ce que dit la bouche d'ombre » : la poésie d'André Breton et ses affinités avec la poésie antique

> Alors tout se déploie au fond du bol à la façon des fleurs japonaises, puis une clairière s'entrouvre: l'héliotropisme y saute avec ses souliers à poulaine et ses ongles vrillés. Il prend tous les cœurs, relève d'une aigrette la sensitive et pâme la fougère dont la bouche ardente est la roue du temps. Mon œil est une violette fermée au centre de l'ellipse, à la pointe du fouet.
>
> André Breton, « La lanterne sourde »,
> *Signe ascendant*

En décembre 1960, alors qu'il ne publiera plus de poèmes, ni de textes marquants autres que ceux répondant à une sollicitation, André Breton publie *Le La*, un minuscule recueil inédit, introduit par un court texte soulignant le rôle décisif de l'automatisme et contenant quatre petites phrases automatiques que voici:

L'O³ dont le claquement de peau réside en l'ut majeur comme une moyenne.
(Nuit du 27 au 28 octobre 1951)

La lune commence où avec le citron finit la cerise.
(Nuit du 6 février au 7 février 1953)

On composera donc un journal dont la signature, compliquée et nerveuse, sera un sobriquet.
(Nuit du 11 au 12 mai 1953)

Si vous vivez bison blanc d'or, ne faites pas la coupe de bison blanc d'or.
(Nuit du 11 au 12 avril 1956)

Le cheminement poétique et théorique d'un des plus grands poètes et penseurs du XXᵉ siècle revient à la source de sa trajectoire surréaliste. Que l'on se rappelle la phrase automatique « Il y a un homme coupé en deux par la fenêtre »[1], que le jeune Breton a entendu cogner en lui un matin au réveil d'une manière insistante. Elle a été, selon ses dire, l'instigatrice du *Premier Manifeste* en 1923. C'est suggérer à quel point Breton s'est consciemment soumis à la puissance suggestive de la voix automatique, cette version moderne de ce que la *bouche d'ombre* a su proférer depuis des millénaires à qui voulait bien l'entendre.

Dans le prologue au recueil, Breton souligne la portée des phrases automatiques sur le destin d'une vie. Ils les considère à la fois en tant que *pierre de touche* sur laquelle se construit et repose le devenir, en tant que *pierre précieuse* qui tel un aimant éveille en l'être les désirs les plus insensés pour dépasser la condition humaine et en tant que *diapason*, donnant l'assurance d'être en accord, dans le bon ton, avant que la catastrophe – en terme musical, quand la corde cesse de vibrer – ne survienne et ne mette fin à l'état de grâce. Mais encore, Breton confère à ces petites phrases entendues au réveil leurs lettres de noblesse, il les situe dans une lignée qui, à travers le motif plusieurs fois millénaire de la *bouche d'ombre* évoquée par Hugo[2], prend sa source aux confins de l'histoire et du mythe, quand les hommes et les dieux s'échangeaient encore, au temps d'Orphée et du monde homérique. C'est dire que cette voix relève à la fois de la grandeur d'âme et du sacré. Breton évoque ces qualités de la voix en ces termes dans le prologue au recueil *Le La*: l'on y remarquera l'extrême respect du poète face à cet événement langagier particulier, son allusion discrète aux sibylles et la conscience assurée, comme allant de soi, que la valeur de sa poésie ne démérite pas de celle d'un Hugo:

> La « dictée de la pensée » (ou d'autre chose?) à quoi le surréalisme a voulu originellement se soumettre et s'en remettre à travers l'écriture dite « automatique », j'ai dit à combien d'aléas dans la vie de veille son écoute (active-passive) était exposée. D'un immense prix, par suite, m'ont toujours été ces phrases ou tronçons de phrases, bribes de monologue ou de dialogue extraits du sommeil et retenus sans

---

1. André Breton, *Manifeste du surréalisme,* dans *Œuvres complètes, op. cit.,* t. I, p. 325.
2. Victor Hugo, « Ce que dit la bouche d'ombre », dans *Œuvres poétiques*, t. II, *Contemplations, Livre sixième: Au bord de l'infini,* Paris, Gallimard, Bibliothèque de la Pléiade, 1967, p. 801-822.

erreur possible tant leur articulation et leur intonation demeurent
nettes au réveil – réveil qu'ils semblent produire car on dirait qu'ils
viennent tout juste d'être proférés. Pour sibyllins qu'ils soient, chaque
fois que je l'ai pu je les ai recueillis avec tous les égards dûs aux
pierres précieuses. […] Même si, à beaucoup près, « la bouche
d'ombre » ne m'a pas parlé avec la même générosité qu'à Hugo et
s'est même contentée de propos décousus, l'essentiel est qu'elle ait
bien voulu me souffler parfois quelques mots qui me demeurent la
pierre de touche, dont je m'assure qu'ils ne s'adressaient qu'à moi
seul (tant j'y reconnais, mais toute limpide et portée à la puissance
incantatoire, ma propre voix) et que, si décourageants qu'ils soient
pour l'interprétation au pied de la lettre, sur le plan émotif ils étaient
faits pour me donner le *la*.

décembre 1960[3]

Comme nous l'avons vu dans le chapitre précédant, la poésie
de Breton tisse d'étroites relations avec la tradition poétique fondée sur la grandeur d'âme et le sacré tels qu'ils sont incarnés par
les poètes dits possédés (les oracles, les épopées, les théo-cosmogonies et les descentes aux Enfers, sans oublier pour autant la quête
du Graal). Cette relation spécifique avec la tradition poétique
trouve ses fondements à partir du thème commun de la *bouche
d'ombre* dont les paroles mystérieuses, issues des enfers chez les
Anciens et de l'inconscient chez les modernes, ne sont perceptibles
qu'aux seuls êtres (à l'instar, par exemple, des héros ou poètes légen-
daires Énée, Perceval ou Dante) épris de pureté. Seule cette passion
élevée permet de s'approcher de l'abîme et d'y descendre sans être
englouti. Un texte de Properce (fin 1er siècle av. J.-C.) le suggère,
en nous contant que seule une vierge peut approcher sans danger
le dragon qui surveille la grotte menant aux Enfers et nommée par
le poète *La Bouche d'ombre* :

> Un antique dragon a sous sa garde Lanuvie. En ces Enfers où nul
> ne perd un seul instant, où la sainte descente est happée par la
> bouche d'ombre, laisse la vierge aller, évite ce chemin quand le ser-
> pent à jeun une fois l'an veut sa pâture et surgit, déroulant du sol
> ses sifflements ! Celle qui descend là pour ces rites, comme elle est
> pâle en confiant ses mains à la gueule du monstre ! Lui saisit aussi-
> tôt les mets que lui offre la vierge mais la corbeille tremble aux

---

3. André Breton, *Le La*, P.A.B. [Pierre André. Benoît], 1961, repris dans *Signe
ascendant, op. cit.*, p. 174-175.

mains qui la présentent. Chaste, l'enfant revient, se jette au cou de ses parents et tous les paysans crient: « L'année sera belle! »[4]

La pratique automatique relève toutefois d'une *conception du monde* radicalement différente de l'Antiquité. À la base de cette scission se trouve la réinterprétation des théo-cosmogonies à la lumière des sciences. La descente aux Enfers où se déchaîne la vie sous toutes ses faces, de la terreur à l'éblouissement, est perçue dès les romantiques comme une descente en soi, puis, avec l'avènement de la psychanalyse, dont la propagation, surtout en France, a été au moins en partie suscitée par l'intérêt de Breton pour les travaux de Freud, comme une descente dans l'inconscient. La possession du poète, saisi par la voix d'un dieu qui le terrifie, renvoie à la soumission du poète surréaliste à la voix automatique qui, s'il n'y prend garde, peut le mener à la folie. Radicalisée par l'automatisme, la descente aux Enfers met à jour un autre modèle de production, fondé sur la mimésis des pulsions primaires de l'inconscient. Au niveau du discours – rappelons que le surréalisme est avant tout une révolution opérée sur le langage – le bouleversement est manifeste: du récit événementiel de l'*Imitatio Naturae*, qui se conforme à des lois spatio-temporelles et à la cohérence discursive (vraisemblable ou mythique), et nous fait voir la genèse du monde à partir de la place du spectateur, du sujet qui observe l'objet, on passe avec la poésie automatique à l'événement langagier. Le lecteur n'est plus seulement un spectateur raisonnant: il est aussi, s'il veut bien se laisser attirer sur scène, acteur et objet du spectacle hallucinant. L'incohérence du sens des poèmes de Breton n'est en fait qu'apparent: sous l'événement langagier bouleversant se dévoilent les traces de la création du monde et du moi telle qu'elle se déroule dans les obscurités de l'être. Entre le temps de l'énoncé, le temps de l'énonciation et le temps du lecteur les frontières s'estompent sous l'effet d'une passion débordante et déroutante. C'est bien là un tour de force sublime du texte surréaliste: par la trace de quelques mots associés par les pulsions et les affects de l'être, les poèmes renaissent, font événement à chaque lecture, bouleversent nos habitudes cognitives et nos certitudes tout en provoquant une réaction émotive et éveillent notre soif de comprendre.

---

4. *Cf. Trésor de la poésie universelle*, textes réunis et préfacés par Roger Caillois et Jean-Clarence Lambert, Paris, Gallimard/Unesco, collection « Unesco d'Œuvres représentatives / nrf », 1958, p. 572.

Les convergences de la poésie de Breton avec la tradition poétique peuvent être cernées à partir des fonctions traditionnelles de la poésie, qui renvoient aux différents genres qu'elle génère: l'épopée, les chants lyriques, les théo-cosmogonies, etc. Il s'agit de la fonction augurale: la voix surréaliste comme événement langagier dessinant les linéaments d'un possible futur; de la fonction génésiaque: l'avènement par la voix automatique d'un monde désiré; de la fonction heuristique et cathartique: la connaissance du monde et de soi par la descente aux Enfers de l'inconscient; la sublimation du *Phobos* (la peur) en *Thaumas* (l'admiration), de l'angoisse en merveille surréaliste, et enfin de la fonction de transport de l'âme: par la recherche de l'extase, de la fureur, de la possession, le ressourcement de l'être au point sublime.

La filiation de Breton à la tradition repose bien sur la pratique de la grandeur d'âme, que les Anciens définissent comme état d'esprit qui consiste « à surmonter la souffrance et le mal », où « l'élévation spirituelle se manifeste dans la victoire sur le temps et la mort »[5].

La fonction augurale: des oracles

> [...] l'oracle est rendu par des poissons électriques fluides.
>
> André Breton, *Poisson soluble*

Déjà en 1923, dans le premier *Manifeste du surréalisme,* Breton était conscient de la fonction augurale[6] de la voix surréaliste et de la violence de sa manifestation:

> La voix surréaliste qui secouait Cumes, Dodone et Delphes n'est autre chose que celle qui me dicte mes discours les moins courroucés[7].

Tout en donnant à la dictée automatique un ancêtre prodigieux, en faisant remonter ainsi aux sources de la civilisation occidentale le

---

5. Alain Michel, « Rhétorique et poétique: la théorie du sublime de Platon aux moderne », dans *Revues des Études latines, op. cit.*, p. 304 et 285.
6. Remarquons que la relation entre les fonctions et un thème n'est pas exclusive: les oracles, par exemple, ne se limitent pas à la fonction augurale.
7. André Breton, *Manifeste du surréalisme*, dans *Œuvres complètes, op. cit.,* t. I, p. 344-345.

moteur principal du surréalisme et en lui octroyant la fonction oraculaire, Breton insiste sur le fait que la dictée automatique en
matière de fureur poétique dépasse celle des oracles. Ce dépassement
peut s'expliquer pour deux raisons relevant l'une de l'authenticité
de la voix oraculaire et l'autre du cadre de son énonciation.

La Sibylle devait – et l'on ne peut pas ne pas saisir la parenté de
ce phénomène avec certaines expériences surréalistes telles que les
sommeils hypnotiques et la pratique automatique – se mettre en
transe, dans un état hypnotique ou hallucinatoire pour que l'oracle
« parle » à travers elle sous forme de cris et de délires. De cette voix
proférée, généralement de la longueur de quelques vers, il ne nous
reste pas de traces authentiques, puisque celle-ci ne nous est parvenue que sous la forme de transcriptions en vers opérées par des
poètes anciens. La voix originale après cette traduction-interprétation nous est donc perdue. Force est de constater que ces recompositions de la voix oraculaire opérée par les poètes créent une discordance manifeste entre ce qui est annoncé (la vocifération d'une
Sibylle en crise) et ce qui est rendu. Dans l'exemple suivant tiré de
l'*Énéide*[8], Virgile décrit en termes de terreur les instants qui précèdent l'oracle de la Sibylle:

> On était arrivé sur le seuil, lorsque la vierge dit: « C'est le moment
> d'interroger les destins:
> Le dieu! voici le dieu! » Comme elle prononçait ces mots
> Devant les portes, tout à coup son visage, son teint se sont altérés,
> Sa chevelure s'est répandue en désordre; puis sa poitrine halète,
> Son cœur farouche se gonfle de rage; elle paraît plus grande,
> Sa voix n'a plus un son humain: car elle a déjà senti le souffle
> […]
> Cependant, rebelle encore à l'obsession de Phébus,
> La prêtresse se débat monstrueusement dans son antre,
> comme une Bacchante, et tâche de secouer de sa poitrine
> Le dieu puissant; lui n'en fatigue que plus sa bouche enragée,
> Domptant son cœur sauvage, et la façonne à sa volonté qui l'op
> presse.
> Déjà les cent portes énormes de la demeure se sont ouvertes d'elles-
> mêmes
> Et portent par les airs les réponses de la prophétesse.

---

8. *cf.* Pierre A. Riffard, *L'Ésotérisme*, Paris, Robert Laffont, collection « Bouquins »,
1990, p. 545-546, traduit du latin par M. Rat.

Par rapport à ce qui est annoncé, on s'attend à quelque monstruosité, mais l'événement, par sa mise en vers et sa traduction, est
bien en-deçà de la promesse; il ne se distingue guère d'un brillant
discours construit dans les règles de l'art:

> Je vois des guerres, d'horribles guerres,
> Et le Tibre couvert d'une écume sanglante.
> […] Alors, au sein de ta détresse,
> Quels peuples d'Italie ou quelles villes n'imploreras-tu pas en sup-
> pliant?
> La cause d'un si grand malheur pour les Teucères [Troyens]
> Sera encore une épouse étrangère, et encore un hymen étranger […]

On s'attend à un discours hermétique, une vision mystérieuse de
l'avenir, mais ce n'est pas le cas: l'oracle généralement est du point
de vue sémantique compréhensible.

Cette *scission* entre ce qui est attendu et ce qui est donné, et le
contrôle exercé sur l'élan métaphorique, est totalement absente des
textes surréalistes: la vision se dérobe à l'intelligence «je vois les
arrêtes du soleil». Le sens y est moins important que le rôle de la
vision, celui de frapper au plus fort et au plus profond de l'être. La
fonction oraculaire de l'écriture automatique ouvre en effet la vision
non seulement sur une figuration possible de l'avenir (*cf.* le poème
Tournesol du recueil *Clair de terre*, annonçant dix ans à l'avance et
en langage hermétique la promenade amoureuse de Jacqueline
Lamba et d'André Breton un soir d'été à Paris[9]), mais également
sur les possibilités de l'esprit, ainsi, par exemple, dans le domaine
moral:

---

9. Le souvenir du poème détermine l'errance du couple dans Paris sur le mode
du hasard objectif. Ce dernier, «effet d'événement» selon la perspective surréaliste, agit sur la réalité dans le sens qu'il se donne comme la perception, à travers
le langage, d'une relation inattendue entre les choses et l'affect, ce que Jacqueline
Chénieux-Gendron appelle «le surgissement d'effets de résonance, métaphoriques
ou métonymiques, qui circulent entre les mots, les formes, et les événements
intimes (ce à quoi j'attribue «du sens» pour moi)» (*cf.* Jacqueline Chénieux-
Gendron, «Bavardage et merveille, repenser le surréalisme» dans *Nouvelle Revue
de Psychanalyse*, XL, automne 1989, p. 277): ainsi, un soir d'été, la première rencontre de Breton avec Jacqueline Lamba évoque le poème «Tournesol» et la magie
du coup de foudre alliée à l'atmosphère du poème influe sur le *déroulement* de la
soirée. Pour qu'un tel «miracle» puisse se réaliser il va de soi qu'un entraînement
efficace de l'esprit à l'analogie est incontournable, que la disponibilité de l'esprit
à s'ouvrir à l'inconnu doit être sans réserve.

Mais du salon phosphorescent à lampes de viscères
Il [Sade] n'a cessé de jeter les ordres mystérieux
Qui ouvrent une brèche dans la nuit morale
C'est par cette brèche que je vois
Les grandes ombres craquantes la vieille écorce minée
Se dissoudre
Pour me permettre de t'aimer
Comme le premier homme aima la première femme
En toute liberté[10].

La fonction génésiaque: des théogonies et cosmogonies

> C'en est fait du présent du passé de l'avenir / Je
> chante la lumière unique de la coïncidence / La joie
> de m'être penché sur la grande rosace du glacier
> supérieur
>
> André Breton, *L'Air de l'eau*

La poésie de Breton se donne également à lire comme genèse du monde à venir et de la personnalité de l'individu. Elle est de ce fait en rapport avec les théogonies ainsi que les cosmogonies des premières grandes civilisations, avec la différence notable que cette fonction génésiaque de la poésie n'est pas chez Breton renvoyée dans un passé lointain (*cf.* la *Théogonie* d'Hésiode, VIIIᵉ siècle av. J.-C. et la *Création de l'Homme* d'Ovide fin du 1ᵉʳ siècle av. J.-C.), mais reportée dans le présent de l'homme qui participe activement à la formation du monde et de lui-même. La voix des Muses, chez Breton, ne raconte plus comment le monde et l'homme sont nés, elle dit la renaissance incessante du monde et de l'homme dans l'écoulement du temps.

Par rapport au phénomène de distanciation opéré par les textes anciens, qui séparent le présent de l'homme du mystère de son existence, la fonction génésiaque de la poésie bretonienne propose, à travers le langage, l'expérience, à chaque fois renouvelée et singulière, de la création. Création à la fois du monde:

---

10. André Breton, « Le marquis de Sade a regagné… » dans *L'Air de l'eau*, *Œuvres complètes, op. cit.,* t. II, p. 399.

Les mots sont sujets à se grouper selon des affinités particulières, lesquelles ont généralement pour effet de leur faire recréer à chaque instant le monde sur son vieux modèle[11].

création aussi du « je » :

Ma construction ma belle construction page à page
Maison insensément vitrée à ciel ouvert à sol ouvert
C'est une faille dans le roc suspendu par des anneaux à la tringle du monde
C'est un rideau métallique qui se baisse sur des inscriptions divines
Que vous ne savez pas lire
Les signes n'ont jamais affecté que moi
Je prends naissance dans le désordre infini des prières
Je vis et je meurs d'un bout à l'autre de cette ligne
Cette ligne étrangement mesurée qui relie mon cœur à l'appui de votre fenêtre
Je corresponds par elle avec tous les prisonniers du monde[12]

La fonction heuristique et cathartique: des descentes aux Enfers

Je prends mon bien dans les failles du roc là où la mer / Précipite ses globes de chevaux montés de chiens qui hurlent / Où la conscience n'est plus le pain dans son manteau de roi / Mais le baiser le seul qui se recharge de sa propre braise

André Breton, *Pleine Marge*

À la fonction génésiaque de la poésie qui invite l'homme à se changer et à transformer le monde, s'ajoutent la fonction heuristique, qui permet à l'homme de jeter quelques regards derrière le voile du mystère de la vie, ainsi que la fonction cathartique qui, sous la main protectrice d'un guide, transmue la terreur de la descente en extase ou du moins en plaisir.

---

11. André Breton, « Introduction au discours sur le peu de réalité », dans *Point du jour, ibid.,* t. II, p. 275. Ce travail sur le « vieux modèle » montre que Breton, dès les années vingt, était déjà conscient de la puissance créative du travail de renouvellement opéré à l'intérieur du déjà-dit.
12. André Breton, « Mille et mille fois », dans *Clair de terre, ibid.,* t. I, p. 183.

Par la descente aux Enfers, comme nous le rappellent les romantiques, l'être humain se découvre en communion avec la nature et l'univers, l'espace et le temps: «Le chemin mystérieux va vers l'intérieur; c'est en nous, sinon nulle part, qu'est l'éternité avec ses mondes, le passé et l'avenir»[13]. C'est là, dans cet abîme, qu'il puise la force de son génie. À la suite des premières expériences de Rimbaud et de Lautréamont, Breton systématise la descente aux Enfers de l'inconscient par la pratique de l'automatisme. L'expérience de l'abîme, dont relève aussi la rage meurtrière qui submerge les nations en guerre, est pour le poète surréaliste son champ de bataille. Face à la tempête des pulsions, il se repose sur sa force morale seule capable à transformer l'expérience du cauchemar en expérience de création. L'écriture automatique, sous la plume d'un poète au sens surréaliste du terme, c'est-à-dire, préparé mentalement à être apte à entendre la voix, transforme le déluge du flot verbal charriant le chaos de nos désirs, en chant révélateur. Cet événement cathartique intime ne provoque pas le dévoilement d'une image préexistante, mais au contraire, elle libère une forte décharge émotive de nature à bouleverser, à provoquer la compréhension sous forme d'éclair d'intelligence.

Ainsi, sur fond de terreur face à la mort, quête et éthique du bonheur – pris aussi bien au sens large de tout état de non-souffrance qu'au sens restreint d'extase – sont à l'origine des différentes pratiques sacrées de l'homme et parmi lesquelles la pratique automatique a sa place. Ces pratiques ont une réalité psychologique attestée: il s'agit, comme le souligne si justement Bachelard, de «désapprendre la peur[14]», de transformer la chute, cauchemardesque, en descente intime vers la lumière intérieure de l'être.

---

13. Citation de Novalis, donnée par Albert Béguin, *L'Âme romantique et le rêve*, Paris, Corti, 1939, p. 53.
14. Gaston Bachelard, *La Terre et les rêveries de la volonté*, Paris, Corti, 1948, p. 398.

La fonction de transport de l'âme:
le mythe d'Orphée et ses avatars

> Ce matin proue du soleil comme tu t'engloutis dans
> les superbes chants exhalés à l'ancienne derrière les
> rideaux par les guetteuses nues
>
> André Breton, « Les Sphinx vertébral »,
> *Le Revolver à cheveux blancs*

La fonction de transport de la poésie est la mieux illustrée par les hauts faits de la très riche épopée d'Orphée[15], récit chanté par Virgile dans les *Géorgiques* et par Ovide dans les *Métamorphoses.* Ce mythe a nourri l'ésotérisme grec à travers les rites des Mystères (apparition vers 1500 av. J.C.), caractérisés par l'importance que prennent la divination par les oracles et la purification de l'âme sous le mode de la catharsis. Le chant d'amour d'Orphée captive non seulement les êtres vivants, les morts et les forces du mal, mais également les choses inanimées. Autour de lui se constitue une véritable forêt d'arbres et de végétaux de toute espèce qui accourent sous le charme de son chant pour le protéger des rayons brûlants du soleil. Apaiser la fureur des éléments, animer l'inanimé, voir la mort et aimer au-delà d'elle, subjuguer les êtres et les morts, les monstres et les dieux en leur faisant faire, sous transport, ce qu'ils ne pouvaient ou voulaient faire avant, sont des traits poétiques qui surgissent également dans le chant bretonien. Comme le souligne si justement J. Gracq à propos de *Poisson soluble*, le souffle « d'un rêve de félicité réconciliatrice et édénique » inspire à tel point la pensée de Breton que celle-ci, grâce à la médiation de la « femme-fée, la femme *naturellement* fée », se soumet la nature, « sollicite les choses vers l'homme, les apprivoise, les baigne d'avance d'une espèce de vouloir-être humain »[16]. À lire attentivement les poèmes de Breton, l'on ne peut qu'être saisi de ce souffle magique unificateur qui anime la plupart des êtres et objets qui y apparaissent.

Enfin il faut mentionner la relation privilégiée des poèmes de Breton avec le cycle arthurien du Graal, relation qui s'instaure non

---

15. Le mythe d'Orphée ne se limite bien entendu pas à la fonction de transport: à lui seul, il couvre toutes les fonctions de la poésie.
16. Julien Gracq, « Spectre du *Poisson soluble* », dans *Préférences,* Paris, Corti, 1961, p. 149.

seulement par le biais d'une éthique de la pureté mais également par le biais du thème de l'*errance*. Envoyés à la recherche de la coupe salvatrice, les chevaliers errent à travers les pays en attendant la révélation. Le succès de leur mission dépend beaucoup du degré de pureté de leur âme: la moindre faiblesse peut leur être fatale, soit qu'ils perdent la vie en se laissant tenter par des puissances maléfiques, soit qu'ils ne reconnaissent pas le Graal quand celui-ci se révèle par hasard à eux. La vie du chevalier est ainsi marquée du sceau de la *haute tension*, d'une part, celle qui est issue de la volonté poussée jusqu'à l'extrême de veiller à être prêt, physiquement et moralement, pour la révélation tant attendue et, d'autre part, celle résultant de l'exposition incessante au danger de mort qu'un itinéraire où règne le hasard génère. Voilà le tribut à payer pour voir se dresser devant soi la merveille, et l'on perçoit aisément comment cette épopée de la révélation sur le mode de l'errance figure celle du poète moderne dans son errance à travers les souffles insensés de la pratique automatique: le scripteur doit s'abandonner entièrement à la voix, donc au hasard; l'écoute est dangereuse, la folie guette; pour parvenir à un tel état de réceptivité, l'esprit doit être exercé aux jeux analogiques et imprégné de passions élevées; la tension intérieure doit être « tournée au possible vers la santé, le plaisir, la quiétude, la grâce rendue, les usages consentis[17] » pour vaincre les pulsions de mort; l'amour est un des souffles les plus dynamiques pour la réussite de l'expérience; et, enfin, l'expérience de la voix automatique ne mène pas nécessairement à la révélation émotive: la plupart du temps l'expérience n'est qu'une errance, voire, elle sombre dans l'angoisse et le doute.

En retournant par la pratique ludique de l'automatisme à la source de l'inspiration, Breton fait revivre les espaces sacrés de la tradition poétique: la voix automatique est une version moderne, dépouillée de l'esthétique antique, réinterprétée par les sciences, de la voix divine des poètes possédés. Elle est, pour le vingtième siècle, un des rares espaces sacrés, qui se manifeste, selon les termes du philosophe italien Grassi, comme « la forme originaire qui ouvre notre historicité et permet que dans la forêt obscure s'ouvre cette « éclaircie » qui est la scène de notre devenir humain ».[18]

---

17. André Breton, « Signe ascendant », *O.C.*, *op. cit.*, t. III, p. 769.
18. Ernesto Grassi, *La Métaphore inouïe*, traduit de l'italien par Marilène Raiola, Paris, Quai Voltaire, 1991, p. 104.

Lyrisme et chant automatique

La poésie se fait dans un lit comme l'amour
Ses draps défaits sont l'aurore des choses
La poésie se fait dans les bois

André Breton, « Sur la route de San Romano »

Je vis de ce désespoir qui m'enchante. J'aime cette
mouche bleue qui vole dans le ciel à l'heure où les
étoiles chantonnent.

André Breton, « Le Verbe être »

L'intimité, ce lieu mental où le « je », d'une manière incessante,
se défait et se refait sur de nouvelles bases, jeu vital entre désespoir
et espoir, entre angoisse et enthousiasme, se réalise chez Breton sur
le mode de la beauté convulsive. Le lyrisme bretonien est, comme
le souligne Jean-Michel Maulpoix, « le fils de l'enthousiasme et de
la fureur » ou, sur le plan psychologique, l'expression d'une « zone
de turbulence » comme le rappelle Jacqueline Chénieux-Gendron :

> les jeux de l'intimité avec soi et avec ses proches semblent avoir été
> poussés par André Breton et ses amis surréalistes du côté de l'étran-
> geté, du passionnel, du pulsionnel, de la violence, de la folie [...]
> zone de turbulence[1].

Chez Breton, le chant de l'intimité n'est pas issu d'une attention,
comme c'était le cas dans la tradition lyrique, portée aux « beaux
sentiments » et à leurs moyens d'expression, où la maîtrise contrôle
les débordements, mais bien de la convulsion des passions les plus
profondes de la vie psychique, convulsion sous laquelle le sujet à
la fois se disloque et se révèle. Plus particulièrement, la fureur de
son chant lyrique investit essentiellement les passions de l'amour.
Le lyrisme bretonien est sous « l'ordre souverain de l'amour » parce

---

1. Jacqueline Chénieux-Gendron, « Bavardage et merveille, repenser le surréalisme », *op. cit.*, p. 274.

que, comme le remarque justement Jean-Michel Maulpoix sur un ton qui ne peut s'empêcher d'être lui-même lyrique, si

> l'amour est célébré comme le principe essentiel du lyrisme [chez Breton et les surréalistes], c'est qu'il est le plus fécond, le plus déflagrant et le plus rigoureux des sentiments humains, celui en qui se révèle intégralement la vérité de l'être, qui déchire et qui illumine, par qui la mort vient se loger au cœur du vivant, qui distend le temps, qui inspire et qui coupe le souffle, qui exalte et qui consume, tel un pont jeté entre le fini et l'infini....[2].

Breton se situe dans cette tradition qui depuis Platon, en passant par les courants ésotériques, confère à l'amour un statut vital au déploiement de l'être: seul l'amour est capable d'élever l'âme en unissant entre elles toutes les facultés de l'homme, et en lui accordant parfois la jouissance du sentiment de l'unité retrouvée. Le mode de création, seul, change: Breton en fondant son art sur la mimésis du «modèle intérieur» relie le plus ardent des désirs humains à sa source.

Par ailleurs, en quelques vers, donnés en épigraphe ci-dessus, «La poésie se fait dans un lit comme l'amour / [...] La poésie se fait dans les bois», Breton dégage les aspects essentiels de ce lyrisme de «l'amour fou». Il établit une équivalence manifeste entre les actes d'écrire un poème, ceux d'aimer et ceux d'émerveiller. L'émerveillement est bien entendu suggéré par le vers «La poésie se fait dans les bois» qui évoque les forêts des légendes épiques (la forêt qui accourt pour ombrer Orphée, la forêt du rameau d'or), celles des pastorales (les arbres des bergers) et des contes d'enfance, et celles que les chevaliers d'Arthur parcourent (forêt de Brocéliande). Ce que Breton rappelle par cette équivalence, c'est que ces trois actes, chacun à sa manière, provoquent un bouleversement. L'acte d'écrire, dans le domaine de la poésie, bouleverse l'ordre du déjà dit tout en créant de l'être, l'acte d'amour, chez les êtres humains, est susceptible d'ébranler toutes les certitudes de l'homme et de l'élever à des états extatiques, l'acte merveilleux qu'entraîne le coup de baguette magique des contes ou les formules des sorciers ouvre le mental à des espaces psychiques générant des émotions cathartiques. L'acte d'écrire, comme celui d'aimer et d'émerveiller, sous l'effet de l'éthique surréaliste, sont, par delà les convenances et le

---

2. Jean-Michel Maulpoix, *La Notion de lyrisme, op. cit.*, p. 440-441.

déjà-dit, réactivés aux pulsions de l'être, à la source originelle du lyrisme qui est avant tout un cri. À la douceur s'allie la fureur, à la raison, l'enthousiasme, à la clairvoyance, l'éblouissement. Ils ont en commun la faculté de déstabiliser, mouvement psychique par lequel, soudainement, l'homme a l'impression que *tout devient possible*.

Le poète découvre son identité à travers les mille facettes d'un monde transformé selon ses désirs. Le paysage lyrique créé se lit comme figuration de l'individualité, il la structure, lui procure la chaleur de l'intimité, et les moyens de s'ouvrir au monde. Il définit, selon les termes de Jean-Michel Maulpoix, le « champ d'action du lyrisme » :

> Trois vertus primordiales s'attachent aux lieux lyriques: de structuration, d'intimité et d'ouverture. Elles correspondent à un triple souci du poète: organiser et interpréter le monde, y reconstruire le berceau de la subjectivité, et y ouvrir des perspectives autorisant son évasion[3].

Je me fonderai sur cette tripartition de l'espace lyrique pour exposer dans le chapitre « Lieux de l'intimité », quelques lieux principaux – ici au sens de thème – de la poésie de Breton relatifs à la cosmogonie surréaliste. L'amour et la femme sont indéniablement les motifs exemplaires de sa poésie et dépassent largement le champ d'action réservé aux thèmes pour s'étendre à la structure même du poème. À partir des notions du temps et de la métamorphose, je montrerai ensuite comment l'architecture des poèmes de Breton est soumise d'une manière radicale au fonctionnement des désirs, en d'autres termes, des rêves, à quel point le poème dit l'essence de sa nature. Ensuite je m'attarderai sur quelques lieux lyriques remarquables (chambre, lit, bois etc.) qui reflètent le désir de l'âme surréaliste de se construire *en même temps* l'espace d'une intimité protectrice et l'espace d'une ouverture au monde sur le mode de la transparence.

Dans le chapitre suivant « Les figures de l'intimité », je m'attacherai autour des quelques complexes figuraux remarquables à cerner les qualités rythmiques du chant automatique et à montrer comment les figures et les lieux du lyrisme travaillent de concert à l'enchantement du lecteur.

---

3. Jean-Michel Maulpoix, *La Voix d'Orphée, op. cit.*, p. 154.

Lieux de l'intimité

> Non le lit à folles aiguillées ne se borne pas à dérouler la soie des lieux et des jours incomparables / Il est le métier sur lequel se croisent les cycles et d'où sourd ce qu'on pressent sous le nom de musique des sphères
>
> André Breton, *Fata Morgana*

1. « …tout passera dans l'amour indivisible »

L'amour dans la poésie bretonienne nous apparaît sous ses traits les plus enthousiastes. L'amour n'est pas source de mort, ni de désespoir, ni de perversion; au contraire, il est source de vie au sens le plus élevé de l'expression, Éros qui sublime toutes les activités humaines. Comme les exemples suivants vont le montrer, il est à la fois moyen et but, fondement et finalité qui permet à l'être humain de dépasser les limites de sa condition.

Dans *Poisson soluble*, les termes relatifs à l'amour comme, par ailleurs, à la femme, sont fréquents. Un passage de l'historiette n° 7 se lit comme un manifeste proclamé sur le ton de la sommation:

> L'amour sera. Nous réduirons l'art à sa plus simple expression qui est l'amour; nous réduirons aussi le travail, à quoi, mon Dieu? À la musique des corrections lentes qui se payent de mort[4].

C'est, dans un poème considéré comme faisant partie des textes automatiques purs, explicitement annoncer les intentions poétiques majeures du surréalisme en matière d'art: l'art est l'expression «libre» de l'amour, le travail de composition devient accessoire.

Les équivalences entre l'écriture, l'amour et la femme sont nombreuses et s'actualisent sur plusieurs modes comme celui de la définition: «Les guides étaient faites de mots d'amour»[5], celui du souhait: «Si dans le fond de l'Opéra deux seins miroitants et clairs / Composaient pour le mot amour la plus merveilleuse lettrine vivante»[6]; et celui de la jalousie: «La rivalité d'une femme et d'un

---

4. André Breton, *Poisson soluble*, texte n° 7, dans *Œuvres complètes, op. cit.,* t. II, p. 359.
5. André Breton, *Poisson soluble*, texte n° 1, *ibid.,* t. I, p. 350.
6. André Breton, «Angélus», *Clair de terre, ibid.,* p. 183.

livre, je me promène volontiers dans cette obscurité »[7]. L'amour possède une double nature dont il tire sa force, à l'instar de la vérité qui, si elle veut illuminer, doit se nourrir de l'ombre. L'amour relève ainsi de la lumière, « Mais j'ai connu aussi la pure lumière : l'amour de l'amour »[8], comme de l'ombre, « Au sud, dans une anse, l'amour secoue ses cheveux remplis d'ombre […] »[9]. Il est explicitement lié au paradis perdu et renvoyé du côté des Ténèbres, relation qu'évoquent à Breton les plages de lave des Iles Canaries :

> On me dit que là-bas les plages sont noires
> De la lave allée à la mer
> Et se déroulent au pied d'un immense pic fumant de neige
> […]
> Le sol du paradis perdu
> Glace de ténèbres miroir d'amour [10]

Sa force d'attraction est telle, et le lyrisme ici rejoint le sublime, qu'à l'instar des trous noirs de l'univers qui aspirent la matière, « […] tout passera dans l'amour indivisible »[11].

Le poète s'octroie une place empreinte d'endurance et d'abnégation, et l'on se rappelle le portrait de l'Amour par Platon dans *Le Banquet* (203 b-204 b)[12] :

> Je suis un des rouages les plus délicats de l'amour terrestre[13].

> Nous le pain sec et l'eau dans les prisons du ciel[14]

L'amour lui impose des épreuves :

> À l'heure de l'amour et des paupières bleues
> Je me vois brûler à mon tour je vois cette cachette solennelle de riens

---

7. André Breton, « Lune de miel », *Le Revolver à cheveux blancs, ibid.,* t. II, p. 57, repris de « Ne bougeons plus », dans *Les Champs magnétiques, ibid.,* t. I, p. 86.
8. André Breton, « Introduction au discours sur le peu de réalité », *Point du jour, ibid.,* t. II, p. 267.
9. André Breton, *Poisson soluble,* texte n° 4, *ibid.,* p. 355.
10. André Breton, *L'Air de l'eau, ibid.,* p. 407.
11. André Breton, « La mort rose », dans *Le Revolver à cheveux blancs, ibid.,* t. II, p. 63.
12. Geneviève Droz, *Les Mythes platoniciens,* Paris, Seuil, coll. « Points », 1992, p. 44-55.
13. André Breton, « Mille et mille fois, *Clair de terre, Œuvres complètes, op. cit.,* t. II, p. 182.
14. André Breton, « Ligne brisée », *Clair de terre, ibid.,* t. II, p. 186.

> Qui fut mon corps
> Fouillée par les becs patients des ibis du feu[15]

Et l'expérience qu'il en acquiert lui permet de proférer des mises en garde:

> Un jour un nouvel amour et je plains ceux pour qui l'amour perd à ne pas changer de visage
> Comme si de l'étang sans lumière la carpe qui me tend à l'éveil une boucle de tes cheveux
> N'avait plus de cent ans et ne me taisait tout ce que je dois pour rester moi-même ignorer[16]

Le poète amoureux porte à la femme un amour indéfectible:

> Et sans partage toutes les femmes de ce monde je les ai aimées momie d'ibis
> Je les ai aimées pour t'aimer mon unique amour momie d'ibis[17]

À cette vision mythique de la femme, – la femme aimée contenant toutes les femmes – répond, en écho, l'incipit d'un poème en prose de *Constellations* (1959):

> À dix heures du soir toutes les femmes en une courent au rendez-vous en rase campagne, sur mer, dans les villes. C'est elle qui fait la voile des cartons de la fête et des tamis de rosée dans les bois[18].

Mais dans ce domaine, à l'instar de celui des rêves, le doute et l'angoisse sont des ennemis redoutables. Dans l'extrait suivant, tiré de *Fata Morgana* (1940), l'urgence sous la pression de la guerre confère au discours, qui allie à l'amour tout à la fois le bois merveilleux, l'ouverture des portes du mystère, la lumière étincelante, la gemme ainsi que la nuit, un ton véhément:

> Mais rien n'est vérifié tous ont peur nous-mêmes
> Avons presque aussi peur
> Et pourtant je suis sûr qu'au fond du bois fermé à clé qui tourne en ce moment contre la vitre
> *S'ouvre la seule clairière*
> *Est-ce là l'amour* cette promesse qui nous dépasse[19]

---

15. André Breton, « Vigilance », *Le Revolver à cheveux blancs, ibid.,* t. II, p. 94.
16. André Breton, *Fata Morgana, ibid.,* t. II, p. 1185.
17. *Ibid.,* p. 1193.
18. André Breton, « Femme dans la nuit », *Constellations*, dans *Signe ascendant, op. cit.,* p. 145.
19. André Breton, *Fata Morgana*, dans *Œuvres complètes, op. cit.,* t. II, p. 1190. C'est moi qui souligne.

Sa formulation toujours se dérobe en cela que l'amour dépasse l'entendement humain, et l'on verra que la femme, chez Breton, est placée à la même hauteur.

2. « La femme au sexe de miroir »

Les occurrences du mot « femme » et de ses dérivés se situent parmi les fréquences les plus élevées dans la poésie de Breton et également dans son œuvre en général. Dans un des derniers poèmes qu'il a écrits, Breton résume en une forme assertorique la nature féerique de la femme, « Toute femme est la Dame du Lac »[20], formule conclusive d'un parcours poétique qui commence avec la vision de la femme émergeant de l'eau du cinquième rêve de *Clair de terre* et qui prouve à quel point une image de rêve érotique peut marquer toute une vie. Daté du 22 septembre 1923, ce rêve, placé en début de recueil, est parmi les rares textes de ce recueil à ne pas suivre l'ordre chronologique qui détermine la disposition des poèmes. En fait, ce rêve merveilleux où apparaît, chantant, la dame du lac clôt la période d'intense inspiration durant laquelle les grands poèmes de *Clair de terre* ont vu le jour en été 1923. Breton place donc consciemment, à l'orée de sa voix lyrique, un rêve au motif poétique déterminant.

La femme nous est présentée sur un mode aux antipodes des représentations conventionnelles et esthétisantes. Le démembrement qu'elle subit est le fruit d'une violence convulsive singulière, mouvement psychique déterminé, où l'angoisse naissante devant ces monstres se transforme en source de plaisir, « de la seule ivresse d'être »[21]. Ce tour de passe-passe dans le poème bretonien qui renouvelle d'une manière radicale les critères de la beauté féminine est une des caractéristiques principales de son chant.

La femme tient du haut, du céleste, de la légèreté, de l'agilité, du merveilleux, du chant des oiseaux: elle est « l'azur »[22], « la dame

---

20. André Breton, « Femmes au bord d'un lac à la surface irisée par le passage d'un cygne », *Constellations*, dans *Signe ascendant, op. cit.*, p. 161. La Dame du Lac est dans la tradition arthurienne la fée Viviane, vierge, esprit de la source, avatar de Diane/Artémis. Elle encorcela Merlin, éperdument amoureux d'elle, en lui dérobant ses pouvoirs.
21. André Breton, « Femmes sur la plage », *Constellations*, dans *Signe ascendant, ibid.*, p. 135.
22. André Breton, « Au regard des divinités », dans *Clair de terre*, *Œuvres complètes, op. cit.*, t. I, p. 173.

sans ombre »[23]; elle peut être « si brillante »[24] que le poète ne la voit plus; elle est, à l'instar de la conception de l'amour chez Platon, « ailée »[25]; elle est le Graal de la poésie, « la femme n'est plus qu'un calice débordant de voyelles en liaison avec le magnolia illimitable de la nuit »[26]; elle est « Femme sans nom […] », saisie en sa substance même, celle dont la beauté est multiple, « […] qui brise en mille éclats le bijou du jour »[27].

La métamorphose des parties de son corps est impressionnante, il suffit pour s'en convaincre de relire le poème l'*Union libre* où, aux différentes parties ou attributs du corps féminin, le poète joint des éléments issus de la nature, de l'homme ainsi que de la métaphysique: « Ma femme […] Aux yeux de niveau d'eau de niveau d'air de terre et de feu », « Ma femme à la taille de loutre entre les dents du tigre », « Ma femme au sexe de miroir », « Ma femme aux doigts de hasard »[28]. Ailleurs elle tient de la magie, et s'allie avec la première phrase automatique entendue au réveil par Breton « Il y a un homme coupé en deux par la fenêtre »: « Il coupe en deux la femme au buste de magie aux yeux de Parme »[29]. La femme s'approprie la maîtrise du temps, à aucun moment les poèmes ne la présentent souffrant des affres du temps:

> Mais les bas de femme sont les vraies aiguilles de l'horloge
> […]
> Ils ont été portés dans le temps par l'espace
> Par l'espace féminin très distinct de l'autre[30]

Son corps est « À la taille de sablier »[31] et le mouvement de ses jambes mesure le temps et les émotions « Ma femme aux jambes de fusée / Aux mouvements d'horlogerie et de désespoir »[32]. Elle

---

23. André Breton, « Tournesol », *ibid.*, t. I, p. 187.
24. André Breton, « Les attitudes spectrales », *Le Revolver aux cheveux blanc, ibid.*, t. II, p. 70.
25. André Breton, « Je reviens », *Œuvres complètes, ibid.*, t. III, p. 419.
26. André Breton, « Femme et oiseau », *Constellations*, dans *Signe ascendant, op. cit.*, p. 143.
27. André Breton, « Après le grand tamanoir », *Le Revolver à cheveux blancs, Œuvres complètes, op. cit.*, t. II, p. 82.
28. André Breton, « L'Union libre », *ibid.*, t. II, p. 85-87.
29. André Breton, « Hôtel des étincelles », *Le Revolver à cheveux blancs, ibid.*, t. II, p. 75.
30. André Breton, « Après le grand tamanoir », *ibid.*, p. 82.
31. André Breton, « Union libre », *ibid.*, t. II, p. 86.
32. *Ibid.*, p. 86.

éclaire l'obscurité, «Je vois leur seins qui mettent une pointe de soleil dans la nuit profonde»[33], qui en retour la *porte*: «C'est l'heure où les filles soulevées par le flot de la nuit qui roule des carlines[34]».

Dans un poème en prose de *Constellations*, intitulé «Personnage blessé», «la vieille femme aux fagots», sorcière des contes d'enfance, qui à la fois terrifie et ravit, est évoquée pour ouvrir à l'homme les espaces mentaux de la merveille:

> L'homme tourne toute la vie autour d'un petit bois cadenassé dont il ne distingue que les fûts noirs d'où s'élève une vapeur rose. Les souvenirs de l'enfance lui font à la dérobée croiser la vieille femme que la toute première fois il en a vu sortir avec un très mince fagot d'épines incandescentes. (Il avait été fasciné en même temps qu'il s'était entendu crier, puis ses larmes par enchantement s'étaient taries au scintillement du bandeau de lin qu'aujourd'hui il retrouve dénoué dans le ciel) [...] Sans savoir comment il a bien pu y pénétrer, à tout moment l'homme peut s'éveiller à l'intérieur du bois en douce chute libre d'ascenseur au Palais des Mirages entre les arbres éclairés du dedans dont vainement il tentera d'écarter de lui une feuille cramoisie[35].

Ailleurs, la femme est la source divine et vitale grâce à laquelle le poète errant et aveugle peut ranimer sa pensée:

> Il n'y a plus qu'un homme sur mille. Il n'y a plus qu'une femme sur l'absence de pensée qui caractérise en noir pur cette époque maudite. Cette femme tient un bouquet d'immortelles de la forme de mon sang[36].

Médiatrice, maîtresse du temps, détentrices des secrets, guide des zones obscures de l'être, magicienne qui défait les obstacles, lieu mental du renouveau incessant de la vie, la femme des poèmes de Breton est résolument mythique. Elle est rarement présentée sous une face négative: il est indéniable que l'impression générale que laisse la figuration de la féminité est de l'ordre du «signe ascendant»,

---

33. André Breton, «Un homme et une femme absolument blanc», *Le Revolver à cheveux blancs, ibid.*, t. II, p. 89.
34. André Breton, «Quels apprêt», dans *Œuvres complètes, ibid.*, t. II, p. 1248.
35. André Breton, «Personnage blessé», *Constellations*, dans *Signe ascendant, op. cit.*, p. 141.
36. André Breton, «La Forêt dans la hache», *Le Revolver à cheveux blancs, Œuvres complètes, op. cit.*, t. II, p. 75.

comme Mélusine, elle prodigue à l'homme qui sait l'aimer et res-
pecter le secret de sa « monstruosité », richesse et prospérité de
l'âme.

3. « Ce monde dans un baiser »

Le monde que crée la beauté convulsive, à l'instar des rêves, se
caractérise par l'instabilité de ses formes, par l'équivalence qui s'installe entre l'animé et l'inanimé et par l'ampleur du champ de vision
capable d'embrasser d'un même regard une salière et l'infini de
l'univers. Tout rêveur attentif a déjà vécu la situation où il se voit
dans le rêve tout en étant conscient que tout le rêve est constitué
par les mille facettes de ses désirs figurés, que l'autre en face de lui,
être ou objet, est à la fois étranger et lui-même : « Cette neige que
j'adore fait des rêves et je suis un de ces rêves »[37]. Dans les *Vases
communicants* Breton défend l'utilité du rêve dans le processus
constitutif de la personnalité. Il rappelle que la perception de l'espace-temps du monde sensible est la même que celle qui est à
l'œuvre dans le rêve. Son argumentation prend appui sur le fait
que la perception du temps et de l'espace relève du subjectif et
varie selon l'émotion du moment, que cette émotion soit ressentie
à l'état de veille ou de sommeil. Cette dialectisation des notions du
temps et de l'espace sur fond d'émotion repose sur le modèle du
rêve, puisque ce dernier est par excellence mise en scène d'un
ensemble de désirs ou d'émotions, non soumis aux aléas des lois
de l'espace-temps de la réalité sensible. À la suite des ésotériques,
Breton refuse une perception purement objective du temps et de
l'espace en tant que séries fondées sur la contiguïté. Il recherche
plutôt à provoquer les conditions psychiques qui appréhendent les
événements intimes et extérieurs selon les processus de l'inconscient. Le surréel, « la rencontre merveilleuse » n'est, selon les termes
de Masao Suzuki,

> rien d'autre que ce moment privilégié où se dissipe l'opposition
> angoissante du présent isolé et le passé (et le futur) illusoire, puisque
> le pressentiment est la présence du futur dans le présent et que sa réa-
> lisation est celle du passé dans le présent[38].

---

37. André Breton, « Mille et mille fois », dans *Clair de terre, ibid.,* t. I, p. 182.
38. Masao Suzuki, « En attendant *La Mort rose* – Une analyse de *Carnet* », Paris,
Pleine Marge, n° 11, juin 90, p. 106.

Rappelons les modes de perturbation de l'espace-temps réel qui ont été dégagés par les recherches modernes dans les textes surréalistes[39]. Un premier mode de perturbation présente la suite des événements (réels ou fictifs) et la logique de la description non pas selon les lois empiriques de la chronologie et de la logique rationnelle, mais selon les lois qui régissent l'organisation des éléments du rêve, à savoir la condensation (la métaphore), le déplacement (la métonymie) et la symbolisation (la synecdoque). Un second bouleverse l'ordre de la description et de la narration (régime rationnel comme onirique) par un parasitage lyrique continuel au moyen de marques d'énonciations, par une densification hyperbolique d'événements sur le fil du temps, et par l'écriture automatique qui, pour (re)lancer la dictée, ne cesse d'opérer son travail de sabotage des schèmes du déjà-dit par le flot jaculatoire de son délire dès que ceux-ci commencent à prendre le dessus. L'écriture automatique perturbe les lois du récit en créant des incompatibilités à la fois entre le plan du récit et celui du discours, et entre une série narrative et une série lexicale. Le mode de production du texte remplace celui, vraisemblable, qui se plie aux lois du récit, par celui entièrement fondé sur la libre association des mots entre eux. La mesure du temps est celle des passions, l'espace est en perpétuelle métamorphose. La production du texte suit les mécanismes associatifs de la métaphore filée, ainsi que ceux par exemple, de la dérivation, de la paronymie, de l'homophonie, de l'anagramme et de la syllepse.

L'étude de la fréquence des mots dans les poèmes de Breton permet de confirmer que le chant automatique porte avant tout sur le temps, ainsi que sur la nature et le quotidien. Ainsi des termes comme « yeux » (« œil »), « temps », et « heure(s) », « jour » et « nuit », « ciel » et « air », « lumière » et « ombre », « monde », « terre » et « eau » (« mer », « pluie »), « soleil » et « étoile », « feu » et « flamme », mais aussi, dans le registre architectural, « ville », « maison », « fenêtre », « mur » et « escalier » se classent-ils parmi les fréquences les plus élevées des mots apparaissant dans les poèmes. Le registre sémantique s'appuie sur les notions essentielles relevant de l'epace-temps dévolu à l'homme. Breton s'écarte, par contre, d'une

39. *Cf.* les travaux sur le texte surréaliste de M.-P. Berranger, J. Chénieux-Gendron, J. Laurent, M. Murat, M. Sheringham, M. Riffaterre, Y. Vadé, M. Suzuki.

manière assez significative de Mallarmé. À titre indicatif, les mots (substantifs et adjectifs) ayant la fréquence la plus élevée chez Mallarmé sont le « temps » et l'« ombre », le « bruit » et le « silence », le « rêve » et les « livres ». Breton rejoint Rimbaud et Lautréamont autour des mots à haute fréquence comme les « yeux », le « temps », le « jour » et la « nuit ». Il se singularise toutefois par la fréquence peu élevée des termes en relation avec la mort, et surtout, par celle, très élevée, de termes issus du règne animal et du règne végétal comme « oiseaux », « papillons », « chevaux », « poissons », « cerfs » et « bêtes » ainsi que « fleurs », « herbe » et « forêts » (« bois », « arbre », « feuilles » et « feuillage »)[40] attestant de ce fait la forte présence des ingrédients du conte et des légendes dans les poèmes.

Nous verrons maintenant, à partir d'un relevé significatif de l'inscription du temps et des métamorphoses ainsi que de quelques lieux d'ouverture lyrique dans les poèmes de Breton, que le chant automatique dit bien ce qu'il est, qu'il est à la fois manifestation et manifeste.

3.1. « À minuit, la chambre souterraine s'étoile vers les théâtres de genre où les jumelles tiennent le principal rôle »

L'épitaphe, « je cherche l'or du temps »[41], inscrite sur la tombe de Breton et qui ouvre l'*Introduction au discours sur le peu de réalité*, rappelle la quintessence de la quête bretonienne. Elle figure bien la recherche de la qualité la plus pure du temps qui s'inscrit dans l'effort désespérément lyrique de l'homme de suspendre le vol du temps :

---

40. Les fréquences les plus élevées en détail. Le signe « >80 » signifie ici qu'il y a plus de quatre-vingts occurrences, mais moins de quatre-vingt-dix. Les fréquences sont données à titre indicatif. La fréquence d'un mot inclut ses lemmes : « yeux » (« œil ») (>80) « temps » (>120) et « heure(s) » (>90), « jour » (>53) et « nuit » (>127), « ciel » (>80) et « air » (>70), « lumière » (>70) et « ombre » (>70), « monde » (>50), « terre » (>70) et « eau » (« mer », « pluie ») (>70), « soleil » (>60) et « étoile » (>80), « feu » (>50) et « flamme » (>30), dans le registre architectural, « ville » (>40), « maison » (>50), « fenêtre » (>40), « mur » (>30) et « escalier » (>30), de termes issus du règne animal et du règne végétal ; « Oiseaux » (>80), « papillons » (>30), « chevaux » (>30), « poissons » (>25) « cerfs » et « bêtes » ainsi que « fleurs » (>9o), « herbe » et « forêts » (« bois », « arbre », « feuilles » et « feuillage ») (>160).
41. André Breton, « Introduction au discours sur le peu de réalité », *Point du jour, Œuvres complètes, op. cit.,* t. II, p. 265.

La belle invention
Pour remplacer le coucou l'horloge à escarpolette
Qui marque le temps suspendu

Pendeloque du lustre central de la terre
Mon sablier de roses
Toi qui ne remonteras pas à la surface
Toi qui me regardes sans me voir dans les jardins de la provocation
pure
Toi qui m'envoies un baiser de la portière d'un train qui fuit[42]

Dans les poèmes bretoniens, le temps est entièrement soumis
aux caprices du désir: une révélation peut avoir lieu en temps éclair
comme nécessiter une certaine durée, et même, être le résultat
d'une superposition d'un ensemble de durées que le temps du
monde sensible n'admet que sous le mode de la contiguïté. En fait,
le temps a toutes les caractéristiques du « minuit » symbolique, de
cette heure où se lève un autre temps, le temps de la terreur et du
plaisir.

Métamorphosé en voile, le temps devient le temps mythologique qui mène à l'augure:

Les pieuvres ailées guideront une dernière fois la barque dont les
voiles sont faites *de ce seul jour heure par heure*
C'est la veillée unique [ce seul jour] après quoi *tu sentiras* monter dans
tes cheveux le soleil blanc et noir
[…]
Et tout passera dans l'amour indivisible
[…]
Tu verras l'horizon s'entrouvrir […][43]

Par ailleurs, la mesure du temps est le corps féminin:

Je vois leurs seins qui mettent une pointe de soleil dans la nuit profonde
Et dont le temps de s'abaisser et de s'élever est la seule mesure exacte
de la vie[44]

---

42. André Breton, « Le puits enchanté », dans *Œuvres complètes, ibid.*, p. 1242.
43. André Breton, « La mort rose », *Le Revolver à cheveux blancs, Œuvres complètes,
op. cit.,* t. II, p. 63. C'est moi qui souligne.
44. André Breton, « Un homme et une femme absolument blancs », *ibid.,* t. II,
p. 89.

Un autre cas de condensation est la superposition de plusieurs actes ou événements normalement contigus dans l'ordre chronologique. C'est dans le recueil *L'Air de l'eau* que l'on trouve autour de la femme aimée la superposition chronologique la plus développée. L'incipit du troisième poème de ce recueil établit d'ailleurs une relation explicite entre cette vision surdéterminée et le rêve:

> Je rêve je te vois superposée indéfiniment à toi-même[45]

L'aimée, « *en même temps* »[46], est assise face à un miroir pour une toilette évidemment surréaliste, revient de voyage, s'attarde dans une grotte, est étendue nue sur le lit, traverse la rue *et* saute à la corde.

Le temps du surréel se condense, qu'il soit considéré, comme nous venons de le voir, dans sa durée, ou comme un moment ponctuel:

> Le sable n'est plus qu'une horloge phosphorescente
> Qui dit minuit[47]

Le thème du minuit éveille évidemment toute une imagerie de l'insolite, minuit est l'heure par excellence de toutes les métamorphoses secrètes. Rappelons que c'est à minuit que « la chambre souterraine s'étoile vers les théâtres de genre où les jumelles tiennent le principal rôle »[48], que l'imagination, sous l'impulsion de la part obscure en nous, dévoile son spectacle, que devant notre regard le lointain finit par se dresser. Dans le poème « Au regard des divinités », tout un spectacle insolite se passe « Un peu avant minuit », comme si le temps de ce spectacle tenait tout entier dans cette fraction avant l'heure, reposait sur l'appréhension déjouée de voir surgir des fantômes alors que c'est une « femme-azur » qui apparaît, transformant la menace en merveille:

> Un peu avant minuit près du débarcadère.
> Si une femme échevelée te suit n'y prends pas garde.
> C'est l'azur. Tu n'as rien à craindre de l'azur […]

---

45. André Breton, « L'Air de l'eau », *ibid.*, p. 397.
46. *Ibid.* p. 397.
47. André Breton, « Tout paradis n'est pas perdu », *Clair de terre, ibid.*, t. I., p. 174.
48. André Breton, « Épervier incassable », *ibid.*, t. I., p. 160.

La « femme-azur » en relation avec ce minuit des contes réapparaît sous les traits de la fille de Breton si pertinemment appelée « Aube » :

> Et moi je t'ai nommée Aube en tremblant
>
> Dix ans après
> Je te retrouve dans la fleur tropicale
> Qui s'ouvre à minuit [...]
> Elle et toi vous vous partagez le mystère de l'existence[49]

La femme et le temps surréel détiennent les secrets de l'existence, en constituent les médiateurs. Ailleurs, le moment « sacré », déterminé lui aussi par l'imaginaire sous la figure de la nuit magique et des femmes, est appréhendé comme étant le seul digne de considération :

> C'est l'heure où les filles soulevées par le flot de la nuit qui roule des carlines
> Se raidissent contre la morsure de l'hermine
> Dont le cri
> Va mouler les pointes de leur gorge
>
> Les événements d'un autre ordre sont absolument dépourvus d'intérêt[50]

Essentiellement quête qui cherche à renouer l'homme au sacré, la poésie de Breton met en place une temporalité symbolique, entièrement soumise aux caprices du désir. André Breton, comme le rappelle Jacqueline Chénieux-Gendron, est soumis « à la nécessité violente de réinventer le Temps, à tout instant »[51]. La mort même n'échappe pas à cette réinvention. Le versant tragique de la vie n'y est guère développé, au contraire, la mort, comme l'angoisse, finissent par servir de tremplin à la suprématie de la pulsion de vie. Le temps lyrique chez Breton suspend le vol du temps réel pour laisser libre champ au désir d'opérer la métamorphose de l'être.

---

49. André Breton, « Au regard des divinités », *ibid.*, p. 171 et « Écoute au coquillage », *Oubliés*, *ibid.*, t. III, p. 417.
50. André Breton, « Quels apprêts », *ibid.*, t. III, p. 1248.
51. Jacqueline Chénieux-Gendron, *Le Surréalisme et le Roman*, Lausanne, L'Âge d'homme, 1983, p. 75.

Les *Cinq rêves*, publiés dans le recueil *Clair de terre*, qui marquent la naissance de la voix lyrique de Breton, peuvent se lire comme la matrice de la cosmogonie bretonienne. Les métamorphoses des lieux, des objets et des personnages y sont clairement explicitées. Dans le premier rêve[52], le guide de Breton est un personnage qui ne lui est pas inconnu, et qui finit par se transformer en génie. Dans le second rêve[53], la station Trocadéro du métro de Paris débouche sur une « immense prairie » où se déroule une partie de football[54]. Dans le troisième rêve, des oiseaux, après avoir été abattus, se transforment en « des sortes de vaches ou de chevaux »[55]. La photographie d'une femme, dans le rêve suivant, se transforme en la femme même qui elle-même disparaît peu après[56]; Charles Baron, frère de Jacques, qui faisait partie du groupe présurréaliste, se métamorphose en Louis Aragon[57]. Dans le cinquième rêve, c'est un appareil métallique qui se transforme en Philippe Soupault, c'est un faisan doré sur un étang qui se métamorphose en la dame du lac, elle-même d'ailleurs disparaît soudainement et est remplacée par une horde de petits hommes, enfin, un avion tournoyant dans le ciel s'avère être un wagon noir.[58]

Le phénomène de la métamorphose met en œuvre à la fois le principe d'identité et le principe de différence. L'unité fondamentale de l'être s'y révèle à travers les méandres du désir qui le transforme: Protée reste certes le même sous ses différents aspects, mais il est aussi autre, à la fois lui-même *et* autre. La méthode riffaterrienne de la dérivation à partir d'une matrice non-actualisée ne s'attarde que sur le réseau du même et néglige le monstre, plus précisément la tension qui s'installe entre le « je » et les autres en lesquels le poète se transforme. Le vecteur des métamorphoses est résolument du côté du signe ascendant et à nouveau, comme pour tous les lieux lyriques chers à Breton, une relation d'équivalence

---

52. André Breton, « Cinq rêves », *Clair de terre*, *Œuvres complètes, op. cit.*, t. I, p. 149-150.
53. *Ibid.*, p. 150.
54. Cette allusion à une partie de football n'est pas sans évoquer le tableau d'Henri Rousseau, intitulé *Joueurs de football* (1908).
55. André Breton, « Cinq rêves » *Clair de terre*, *Œuvres complètes, op. cit.*, t. I, p. 151.
56. *Ibid.*, p. 152.
57. *Ibid.*, p. 153.
58. *Ibid.*, p. 153-155.

s'établit entre les métamorphoses de l'être, celles de la nature et celles qui animent le domaine poétique. Par là, Breton réactualise le principe à l'œuvre dans le symbole du Phénix renaissant de ses cendres, principe qui se réalise sur le mode de l'abandon, du « laisser-faire » freudien :

> L'homme voit trembler cette aile qui est, dans toutes les langues, la première grande lettre du mot Résurrection. Oui, les plus hautes pensées, les plus grands sentiments peuvent connaître un déclin collectif et aussi le cœur de l'être humain peut se briser et les livres peuvent vieillir et tout doit, extérieurement, mourir, mais une puissance qui n'est en rien surnaturelle fait de cette mort même la condition du renouveau. Elle assure au préalable tous les échanges qui veillent à ce que rien de précieux ne puisse intérieurement se perdre et à ce qu'à travers les obscures métamorphoses, de saison en saison le papillon reprenne ses couleurs exaltées.
>
> C'est pourtant ici que je vous invoque car j'ai conscience de ne plus rien pouvoir sans que vous vous manifestiez, génies qui présidez secrètement à cette alchimie, vous, maîtres de la vie poétique des choses[59].

On aura remarqué que l'invocation aux génies de la « vie poétique » est ici au service de la vitalité, du bénéfique, de la conservation de la vie. Le poème « Cartes d'électeur » évoque explicitement les métamorphoses comme source de plaisir et de quiétude inconnus :

> Je goûterais le long des marais salants la paix inconnue des métamorphoses
> L'outre là où l'on voudrait voir passer la loutre
> Le sextant du sexe tant vanté
> Adorable temps du futur toujours antérieur
> La vérité tomberait du ciel sous la forme d'un harfang[60].

L'on ne s'étonnera donc pas que les grandes métamorphoses qui se déploient amplement dans le poésie de Breton concernent le « je », la « femme », le « temps », le « feu », le « désespoir » ainsi que la « fenêtre ». Nous retrouvons là les thèmes essentiels au lyrisme et au sublime qui, comme le souligne le poème « Le Volubilis et je sais l'hypoténuse », s'actualisent sur fond de pureté et de violence :

---

59. André Breton, *Arcane 17, ibid.,* t. III, p. 79.
60. André Breton, « Cartes d'électeurs », *Le Revolver à cheveux blancs, ibid.,* t. II, p. 72-73.

« O les charmantes passes les beaux masques d'innocence et de fureur »[61].

Dans le poème « Ligne brisée », un même mode de discours, solennel et de louange, présente le « nous » universalisant sous diverses formes, toutes marquées par le sceau de l'humilité, de l'ascèse et de l'épreuve qui sied aux adeptes du dieu Amour et leur confère la force irrésistible de la séduction:

> Nous *le pain sec et l'eau* dans les prisons du ciel
> Nous *les pavés de l'amour* tous les signaux interrompus
> Qui personnifions les grâces de ce poème
> [...]
> Nous porterons ailleurs le luxe de la peste
> Nous *un peu de gelée blanche* sur les fagots humains
> [...]
> Nous *le pain sec et l'eau* dans les prisons du ciel
> *Le jeu de cartes à la belle étoile*
> [...]
> Nous sommes *les vedettes de la séduction plus terrible*[62]

Dans ce monde insolite, le poète est conscient non seulement de ce qui se passe autour de lui, mais aussi de sa nouvelle nature, qui brise les cloisons des ordres logiques. Ainsi est-il de nature magique: « Je suis un sort »[63]; il est lui-même un rêve: « Cette neige que j'adore fait des rêves et je suis un de ses rêves »[64]. Dans ce monde de toutes les surprises la solitude n'existe pas: « Je ne suis pas seul en moi-même »[65]. Le « je » n'est plus une entité logique et stable qui se soumet les objets, il est un élément parmi d'autres d'un vaste ensemble dynamique de désirs qui tendent vers l'amour: « Je suis un des rouages les plus délicats de l'amour terrestre »[66] et il peut proférer avec assurance, simplicité et grandeur: « Je suis celui qui va »[67].

---

61. André Breton, « Le Volubilis et je sais l'hypoténuse », *Clair de terre, ibid.,* t. I, p. 164.
62. André Breton « Ligne brisée », *Clair de terre, Œuvres complètes, op. cit.,* t. I, p. 186-187. C'est moi qui souligne.
63. André Breton, « Silhouette de paille », *ibid.,* p. 179.
64. André Breton, « Mille et mille fois », *ibid.,* p. 182.
65. André Breton, « Légion étrangère », *ibid.,* p. 184.
66. « Mille et mille fois », *ibid.,* p. 182.
67. André Breton, *Les États généraux, ibid.,* t. III, p. 32. Breton reprend ici un vers de Victor Hugo, « Je suis une force qui va », dans *Hernani,* Acte III, scène IV, *Théâtre complet,* Paris, Gallimard, Bibliothèque de la Pléiade, 1963, p. 1227.

À l'instar des êtres qui tendent à changer de catégorie pour devenir des objets inanimés, il est des objets qui, eux, s'animent:

> Les juges dont le manteau était fait de toutes les hermines
> Ne parvenaient pas à détourner les yeux du *Buste étrange qui chan-
> geait toujours*
> *Ce Buste avait été tout le monde et moi-même*
> Il était maintenant un croisement de branches dans une forêt[68]

Dans le poème « Sur la route qui monte et descend »[69], le feu après
plusieurs métamorphoses englobe l'espace tout entier:

> Et la flamme court toujours
> C'est *une fraise de dentelle* au cou d'un jeune seigneur
> C'est *l'imperceptible sonnerie d'une cloche de paille* dans la maison
> d'un poète ou de quelque autre vaurien
> C'est *l'hémisphère boréal* tout entier
> Avec ses lampes suspendues ses pendules qui se posent

Le monde enchanteur du baiser est un champ magnétique intense
de forces répulsives et attractives qui crée un réseau dynamique
d'images filantes et électives. Breton, toujours à l'affût d'équivalences, souligne à propos de la mythologie aborigène que l'Alche-
ringa, à la fois expression idiomatique et nom d'une région
rocheuse d'Australie, est « le temps des rêves, qui est aussi celui de
toutes les métamorphoses[70] ».

3.2. « Ma construction ma belle construction page à page / Mai-son insensément vitrée à ciel ouvert à sol ouvert »

> Pour moi, je continuerai à habiter ma maison de
> verre, où l'on peut voir à toute heure qui vient me
> rendre visite, où tout ce qui est suspendu aux pla-
> fonds et aux murs tient comme par enchantement,
> où je repose la nuit sur un lit de verre aux draps de
> verre, où *qui je suis* m'apparaîtra tôt ou tard gravé
> au diamant.
>
> André Breton, *Nadja, O.C.*, t. I, p. 651

68. André Breton, « Camp volant », *Le Revolver à cheveux blancs, Œuvres complètes,
op. cit.*, t. II, p. 66. C'est moi qui souligne.
69. André Breton, « Sur la route qui monte et qui descend », *ibid.*, p. 68-70.
C'est moi qui souligne.
70. André Breton, « Main première », *Perspective cavalière, op. cit.*, p. 242.

Le motif de la « maison de verre », figuration de la volonté de Breton de rendre sa vie transparente, caractérise d'une autre manière le lyrisme qu'il cultive. Le poète ouvre son intimité au monde. Mû par « l'amour éternel »[71], le poète est conscient qu'il n'a pas besoin de se cacher, ni d'avoir honte de ses actes. Il s'efforce de transformer son œuvre en un lieu où tout se manifeste, où tout peut se rencontrer et s'échanger, lieu ouvert, non pas sur ce qui est convenu, mais sur tous les possibles, lieu enfin qui lui permet d'accéder au sublime, de « voir » et de « faire voir »[72]. Par cette attitude qui tient de la grandeur d'âme, le poète redynamise les valeurs du lyrisme. Il devient cet être, cette zone d'événements mentaux, où les désirs d'amour, de bonheur et de plénitude, où la générosité et le courage travaillent à leur guise le réel pour en dégager le surréel, ou plutôt pour ouvrir le réel au surréel, cette émotion bouleversante de l'unité momentanément retrouvée avec soi et le monde.

Cet état d'esprit, sous l'accélération foudroyante des désirs, transforme en quelque sorte chaque lieu en un lieu de passage, bouleverse les frontières que l'esprit logique, par sa volonté de séparer, établit.

Rappelons les caractéristiques essentielles de ces lieux lyriques que Jean-Michel Maulpoix expose. Les lieux de l'intimité, la chambre, comme la maison ou l'auberge, par exemple, sont des lieux dans lesquels le poète trouve refuge et construit son intimité: ils permettent « au sujet de se recueillir, se trouver, ce qui est le préalable nécessaire de son expansion »[73]. Les lieux de l'ouverture, comme les hauts belvédères, les balcons, les terrasses et les fenêtres, par contre, permettent l'échange, la transition « entre une intimité et une extériorité, entre l'ici et l'ailleurs, entre le fini et l'infini »[74]. Entre ces deux pôles, Maulpoix situe le lieu de l'intimité amoureuse, de l'amour porté à la femme ou à la nature, qui dégage « la valeur transitive de l'intimité »[75]. Un paysage, par exemple, peut être appréhendé par le regard de l'aimée, ou alors il peut se fondre en elle, l'un évoquant l'autre. Plus complexe dans son actualisation, ce lieu de l'intimité amoureuse « inaugure un point de vue que

71. André Breton, *L'Amour fou, Œuvres complètes, op. cit.,* t. II., p. 780.
72. *Ibid.,* p. 783.
73. Jean-Michel Maulpoix, *La Notion de lyrisme, op. cit.,* p. 649.
74. *Ibid.,* p. 656.
75. *Ibid.,* p. 654.

l'on peut qualifier de mythique sur le sensible »[76]. Il devient le porteur de plusieurs réseaux de significations qui s'y actualisent. Il est celui qui se rapproche le plus des lieux principaux sur lesquels la poésie de Breton s'appuie en cela même qu'il contient en lui les valeurs de l'intimité et de l'ouverture vers l'infini.

Dans la poésie de Breton, il n'est en fait guère de lieux qui ne soit le produit de la superposition d'éléments qui dans le monde sensible n'ont pas de rapport naturel entre eux. C'est bien une des premières caractéristiques que l'on a reconnues aux œuvres surréalistes. Dans ce travail de la condensation il est possible de relever des constances qui déterminent l'écriture poéticienne de Breton. Il s'agit de la relation qu'entretiennent les lieux terrestres avec les lieux célestes, de l'envahissement des lieux issus de l'homme par ceux de la nature et, d'une manière générale, de la possibilité d'un lieu fermé d'être en fin de compte ouvert à l'infini. Le lyrisme de Breton est un mouvement fondé sur l'épanouissement de la vie qui, poussé à ses extrêmes limites, touche au territoire où règne le sublime. Comme le relève Marguerite Bonnet dans sa notice sur *Clair de terre*, la poésie de Breton se distingue par le fait que: « Tout ce qui est masse compacte ou lieu fermé tend vers la transparence et l'ouverture, au risque de l'éclatement même »[77]. Et cet éclatement n'est pas, en fin de compte, un risque, il est l'ultime étape d'un mouvement vers le point sublime où la vraie nature des choses, à l'instar de celle de Zeus devant Sémélé, se dévoile.

Dans le registre des lieux très intimes, comme la chambre et le lit, la surdétermination est manifeste, à tel point qu'il devient souvent difficile de décider quel lieu d'une image surdéterminée est le point de référence. Pour susciter la merveille, le poète nous apprend qu'il faut « éveiller les frissons dans les broussailles de la chambre, lacer les ruisseaux dans la fenêtre du jour »[78]. Les phénomènes naturels trouvent un intérêt neuf aux yeux des hommes quand ils se manifestent d'une manière inhabituelle: « L'aurore boréale en chambre, voilà un pas de fait; ce n'est pas tout. L'amour sera »[79]. Et cet amour fera qu'une « [...] jeune fille, dans une ferme, laisse

---

76. *Ibid.*, p. 654.
77. Marguerite Bonnet, *Notice* de *Clair de terre, Œuvres complètes, op. cit.,* t. I, p. 1187.
78. André Breton, *Poisson soluble*, texte n° 1, *ibid.*, p. 352.
79. *Ibid.*, texte n° 7, dans *ibid.*, p. 359.

couler à travers sa chambre l'eau d'une source voisine »[80], et qu'une « haie traverse la chambre d'amour ». Sur le modèle stupéfiant des « beau comme » de Lautréamont, on lit dans « Le verbe être », non sans être effarouché par le roulement sonore qui y sourd, « L'air de la chambre est beau comme des baguettes de tambour »[81]. C'est qu'il s'agit de la « chambre aux prestiges »[82], de cette « chambre souterraine [qui] s'étoile »[83], de cette chambre sacrée des Hopi, que Breton a visitée en août 1945[84], de cette chambre, enfin, présente dans tout rituel d'initiation, et dans laquelle l'initié est censé recevoir les révélations des divinités.

La symbolique du lit, quant à elle, tourne autour de la régénération, de l'amour et de la mort. Le lit est le lieu du sommeil et des rêves, de nos ébats amoureux et de notre dernière couche: en cela même il est le lieu intime par excellence, et il reçoit de la part de Breton une attention particulière. Il est en effet associé à de nombreux registres: céleste, minéral, végétal, acqueux. Les femmes-azurs y ont établi leur quartier: « Un drôle de lit! Est-ce ma faute si les femmes couchent à la belle étoile, alors même qu'elles font mine de nous garder avec elles dans leur chambre luxueuse? »[85]. Ce lit céleste des femmes peut être aussi « lit de fougère »[86], un lit dont le bord « est une rivière de fleurs »[87]. Par ailleurs, le lit du torrent, par syllepse, devient le lieu de rendez-vous avec l'aimée « Ma femme […] / De rendez-vous dans le lit même du torrent »[88]. Protéiforme, il est aussi un lieu de la révélation merveilleuse:

---

80. *Ibid.*, texte n° 32, dans *ibid.*, p. 395-396.
81. André Breton, « Le verbe être », dans *Le Revolver à cheveux blancs, ibid.,* t. II, p. 76.
82. André Breton, « Sur la route de San Romano », *ibid.*, t. III, p. 420.
83. André Breton, « Épervier incassable », *Clair de terre, ibid.,* t. I, p. 160.
84. Il y fait explicitement mention dans son *Ode à Charles Fourier*, ainsi qu'à la puissance mythologique qu'elle déploie: « Je te salue du bas de l'échelle qui plonge en grand mystère dans la *kiwa hopi* la chambre souterraine et sacrée ce 22 août 1945 à Mishongnovi à l'heure où les serpents d'un nœud ultime marquent qu'ils sont prêts à opérer leur conjonction avec la bouche humaine », *ibid.*, t. III, p. 362.
85. André Breton, « Introduction au discours sur le peu de réalité », *Point du jour, ibid.,* t. II, p. 271.
86. André Breton, *Poisson soluble*, texte n° 1, *ibid.,* t. I, p. 350.
87. *Ibid.*, p. 350.
88. André Breton, *Union libre, ibid.,* t. II, p. 86.

> Nous sommes les soupirs de la statue de verre qui se soulève sur le
> coude quand l'homme dort
> Et que des brèches brillantes s'ouvrent dans son lit
> Brèches par lesquelles on peut apercevoir des cerfs aux bois de corail
> dans une clairière
> Et des femmes nues tout au fond d'une mine
> Tu t'en souviens tu te levais alors tu descendais du train[89]

Mais encore, le lit est un objet en mouvement au sens plein du
terme. Dans *Fata Morgana* il fait l'objet d'un développement où il
nous est présenté comme une locomotive lâchée à toute vitesse qui
s'approprie les forces de l'imaginaire et rivalise avec le ciel:

> *Le lit fonce sur ses rails de miel bleu*
> Libérant en transparence les animaux de la sculpture médiévale
> *Il incline* prêt à verser au ras des talus de digitales
> *Et s'éclaire* par intermittence d'yeux d'oiseaux de proie
> Chargés de tout ce qui émane du gigantesque casque emplumé
> d'Otrante
> *Le lit fonce sur ses rails de miel bleu*
> *Il lutte de vitesse avec les ciels changeants*
> [...]
> Le lit *brûle les signaux* il ne fait qu'un de tous les bocaux de poissons
> rouges
> *Il lutte de vitesse avec les ciels changeants*[90]

Et, naturellement, serait-on tenté de dire, il n'est pas étonnant qu'il
puisse dès lors contenir le feu, marque du sublime, et qu'en tant
que lieu de l'intimité il soit *en phase* avec les lieux de l'extérieur:

> Au diapason de tout ce qui s'étire au-dehors, une dernière flamme
> se cambre au centre du lit frais défait[91].

Le lit, on le voit, incarne parfaitement l'explosante-fixe qui définit
la beauté surréaliste. Il est ce qu'il désigne en même temps qu'il est
un ou plusieurs autres objets: lieu fixe d'un éclatement de la perception habituelle et du déploiement sans limites de ses ressources
cachées. À l'égal des forces de la nature, le lit, chez Breton, figure

---

89. André Breton, « Facteur cheval », *Le Revolver à cheveux blancs, ibid.*, p. 89-90.
90. André Breton, *Fata Morgana, ibid.*, p. 1188-1189. C'est moi qui souligne.
91. André Breton, « Le Réveil au petit jour », *Constellations*, dans *Signe ascendant*,
op. cit., p. 155.

la poésie, et l'on se rappelle l'épigraphe de ce chapitre qui jette un pont entre la poésie et le lit[92] ainsi que le bois.

> La poésie se fait dans un lit comme l'amour
> Ses draps défaits sont l'aurore des choses
> La poésie se fait dans les bois[93]

En ce qui concerne le règne végétal, le jardin, les bois et la forêt sont des lieux remarquables dans la poésie de Breton. Lieux de rencontre où apparaissent tantôt des personnages aimés, tantôt des figures mythiques ou divines, où se produisent des événements merveilleux comme fantastiques[94], ils sont mystérieux et auguraux. La femme, qu'elle soit l'aimée ou la fée, y est souvent associée.

Le jardin, que l'on connaît comme étant le symbole à la fois du paradis terrestre et du paradis céleste, apparaît si justement dans la main d'une femme comme refuge de la divinité:

> Elle me dit aussi qu'elle s'était brisé la main sur une glace où étaient dorées, argentées, bleutées les inscriptions coutumières. Je pris cette main dans la mienne; l'élevant à mes lèvres, je m'aperçus qu'elle était transparente et qu'au travers on voyait le grand jardin où s'en vont vivre les créatures divines les plus éprouvées[95].

Il sert de comparaison à la main de l'aimée: «Quand s'ouvre comme une croisée sur un jardin nocturne / La main de Jacqueline X»[96]. Il est un lieu hautement instable fait de «parterres d'explosions»[97], il relève «de la provocation pure»[98], et il est mis en relation avec les rêves: «Elle [une femme] palpe longuement les parois des rêves, comme une gerbe de feu d'artifice qui s'élève au-dessus d'un jardin»[99]. Mais encore, le thème du «jardin suspendu»

---

92. L'homonymie avec le verbe lire conjugué à la troisième personne surdétermine cette relation.
93. André Breton, «Sur la route de San Romano», *Oubliés, Œuvres complètes, op. cit.,* t. III, p. 419.
94. L'événement merveilleux, comme les contes, émerveille, alors que l'événement fantastique, comme les romans du même nom, provoque plutôt la stupéfaction.
95. André Breton, *Poisson soluble,* texte n° 26, dans *Œuvres complètes, op. cit.,* t. I, p. 382-383.
96. André Breton, *L'Air de l'eau, ibid.,* t. II, p. 402.
97. André Breton, «Ma mort par Robert Desnos», *Clair de terre, ibid.,* t. I, p. 174.
98. André Breton, «Le puits enchanté», dans *1935-1940, ibid.,* t. II, p. 1242.
99. André Breton, *Poisson soluble,* texte n° 11, *ibid.,* t. I, p. 363.

apparaît dans le vers suivant: « Maintenant le nuage d'un jardin passe par-dessus la tête de l'homme qui vient de s'asseoir »[100]. Enfin, il est le lieu de grandes visions: « Les grandes fusées de sève au-dessus des jardins publics »[101].

Avec le bois et son synonyme la forêt, dont on connaît le rôle sacré qu'ils jouent dans les contes et les récits de chevalerie ainsi que chez les Anciens, nous sommes, contrairement au jardin, davantage du côté de l'inconscient. Les images de l'éclatement tendent à céder la place à des images d'eau, de feu, de sommeil.

La femme apparaît sous la forme de la fée, reine des bois, qui, grâce au feu qu'elle porte, influe sur l'ordre de la nature:

> On lie un fagot de branches enflammées dans le bois et la femme ou la fée qui le charge sur ses épaules paraît voler maintenant, alors que les étoiles couleur champagne s'immobilisent[102].

L'allusion au conte est manifeste: « Des enfants une lampe à la main s'avancent dans les bois / Ils demandent l'ombre des lacs aux feuilles »[103]. Ceux qui s'y perdent, qu'il s'agisse d'enfants ou d'adultes, n'en connaissent pas les lois; c'est le cas des gens que *L'Art poétique* mentionne comme étant obtus aux messages de l'inconscient: « Je dis que les autres, qui se flattent d'avoir les yeux grands ouverts, sont à leur insu perdus dans un bois »[104]. Magique, le bois donne des pouvoirs à l'homme et lui confère une force égale à celle des animaux:

> Et dans l'infinie végétation transparente
> Tu te promèneras avec la vitesse
> Qui commande aux bêtes des bois[105]

Le feu, cet attribut de l'amour et de la femme, y a élu demeure, révélation de l'ardeur du désir au sein d'un réseau d'images qui unit le végétal au céleste:

---

100. André Breton, « Hôtel des étincelles », *Le Revolver à cheveux blancs, ibid.,* t. II, p. 74.

101. André Breton, « Feux tournants », *Clair de terre, ibid.,* t. I, p. 178.

102. André Breton, *Poisson soluble,* texte n° 4, *ibid.,* t. I, p. 354.

103. André Breton, « C'est moi ouvrez », *Le Revolver à cheveux blancs, ibid.,* t. II, p. 80.

104. André Breton, « Personnages dans la nuit guidés par les traces phosphores-centes des escargots », *Constellations, Signe ascendant, op. cit.,* p. 133.

105. André Breton, « La Mort rose », *Le Revolver à cheveux blancs, Œuvres com-plètes, op. cit.,* t. II, p. 64.

> …plus souvent quand s'organise la grande battue nocturne du désir
> Dans une forêt dont tous les oiseaux sont de flammes[106].

Le bois est le lieu par excellence des révélations: qu'il s'agisse d'un lieu imaginaire:

> Et déjà commencent les tours qui nous émerveillent
> [...]
> Et très loin dans les bois l'avenir entre deux branches
> Se prend à tressaillir comme l'absence inapaisable d'une feuille[107]

Dans la forêt, enfin, le poète amoureux se sent chez lui:

> Sans crainte errer dans la forêt de jets d'eau
> Nous perdre dans l'immense spath d'Islande
> Ta chair arrosée de l'envol de mille oiseaux de paradis[108]

> Je vis parquée dans les forêts
> D'où les nuages galants me font rarement sortir[109]

Les trois lieux, que je viens brièvement d'évoquer, ont encore un point commun qui est celui d'être le théâtre d'un événement extra-ordinaire qui touche au sublime. Dans les trois citations suivantes, on notera, qu'entre les deux premières, écrites respectivement en 1923 et en 1924, et la dernière, écrite en 1959, le futur augural uti-lisé dans les deux premières citation trouve sa résolution dans le présent de la dernière:

> Bientôt les jardins seront sur nous comme des phares[110]

> Les comètes s'appuieront tendrement aux forêts avant de les fou-droyer[111]

> Un voilier porté par les alizés s'ouvre une passe dans les bois[112]

---

106. André Breton, *Ode à Charles Fourier, ibid.,* t. III, p. 351.
107. André Breton, « Après le grand tamanoir » *Le Revolver à cheveux blancs, ibid.,* t. II, p. 83.
108. André Breton, *L'Air de l'eau, ibid.,* p. 396.
109. André Breton, « Météore », *Clair de terre, ibid.,* t. I, p. 185.
110. André Breton, « Angélus de l'amour », *ibid.,* p. 173.
111. André Breton, « La mort rose », *Le Revolver à cheveux blancs, ibid.,* t. II, p. 63.
112. André Breton, « Le Chant du rossignol à minuit et la pluie matinale », *Constellations, Signe ascendant, op. cit.,* p. 149.

L'étoile, on le sait, a particulièrement nourri l'imagination de Breton à travers la symbolique de l'arcane 17, appelée aussi l'étoile de Vénus. Cette arcane, qui suit celle de la Maison-Dieu, marque un tournant dans les étapes de la quête ésotérique vers la sagesse que représente le tarot. Symbole de l'espérance et de l'amour, elle marque l'ouverture de l'univers de l'homme jusque là centré sur lui-même vers le cosmique: la terre et le ciel, la matière et l'esprit se mettent en vases communicants. La relation qui se noue entre le poète et l'étoile est particulièrement intense, consanguine, pourrait-on presque dire, et se fonde à nouveau sur l'association de la femme, de l'amour et de l'écriture:

> À toi mon amour s'il y a une escarpolette assez légère pour les mots
> Les mots que j'ai trouvés sur le rivage
> Mes mains s'ensanglantent au passage des étoiles
> [...]
> Tuez-moi si vous voulez voir le déluge
> Il y a encore d'autres barques que les étoiles sur mon sang
> Mon amour est une marelle
> Un palet de glace sur le mot Jamais[113]

Comme c'est le cas dans l'arcane 17, elle est aussi associée à l'eau:

> Je vois leurs seins qui sont des étoiles sur des vagues
> Leurs seins dans lesquels pleure à jamais l'invisible lait bleu[114]

Elle confère à l'homme la liberté, dont elle est une des figures et participe de ce fait à son épanouissement:

> Rivière d'étoiles
> Qui entraînes les signes de ponctuation de mon poème et de ceux de mes amis
> Il ne faut pas oublier que cette liberté et toi je vous ai tirées à la courte paille[115]

À travers ces exemples, on voit comment la poésie de Breton est une poésie des circulations, de l'incessante tentative du désir de jeter des ponts entre les champs sémantiques. Mentionnons encore quelques lieux frappant par leur intensité. Le poète a « défait le ciel

---

113. André Breton, « Du sang dans la prairie » *Clair de terre, Œuvres complètes, op. cit.,* t. I, p. 177 et p. 178.
114. André Breton, « Un homme et une femme absolument blancs », *Le Revolver à cheveux blancs, ibid.,* t. II, p. 89.
115. André Breton, « Il n'y a pas à sortir de là », *Clair de terre, ibid.,* t. I, p. 169.

comme un lit merveilleux»[116], ses écrits, rappelons-le, sont « Ma construction ma belle construction page à page / Maison insensément vitrée à ciel ouvert à sol ouvert »[117]. Il est ravi que « La mer qui pour l'œil humain n'est jamais si belle que le ciel ne nous quittait pas »[118] et que dans les caves profondes devant l'enfant à la fois inquiet et fasciné, la mer « [...] en se retirant gare les œufs des tempêtes que lustre le varech, aux myriades de paupières baissées »[119]. Par ailleurs il voit que « la terre était pleine de reflets plus profonds que ceux de l'eau »[120], et que « l'air essaye les gants de gui / Sur un comptoir d'eau pure »[121]. Dans son monde, le poète voit que la « [...] pluie pose ses verres de lampe autour des bambous »[122] et que « La ville aux longues aiguillées de fulgores / Monte jusqu'à se perdre / Le long d'une rampe de chansons qui tourne en vrille dans les rues désertes »[123]. Même les éléments de la nature échangent avec lui car, comme il l'affirme encore, « Le vent lucide m'apporte le parfum perdu de l'existence »[124].

Mentionnons encore le motif éminemment lyrique de la fenêtre, symbole de la transparence d'une poésie lumineuse dont Jean-Michel Maulpoix donne les aspects essentiels:

> Elle signifie tout à la fois l'insatiable rêve de transparence du lyrisme, son aspiration au sublime, et son face à face incessant avec l'ineffable[125].

Tiré du *Revolver à cheveux blancs*, le motif de la fenêtre, cité ci-dessous, prend les allures de l'éloge, de l'intimité amoureuse qui chante l'aimée et la poésie. L'on sera attentif aux thèmes de l'amour, du feu, de l'effroi, du cristal et de l'omniprésence qui s'y

---

116. André Breton, « Mille et mille fois », *ibid.*, p. 182.

117. *Ibid.*, p. 182.

118. André Breton, « Lune de miel », *Les Champs magnétiques, ibid.*, p. 86, repris dans *Le Revolver aux cheveux blancs*.

119. André Breton, « L'Étoile matinale », *Constellations, Signe ascendant, op. cit.*, p. 139.

120. André Breton, « L'Air de l'eau », *Œuvres complètes, op. cit.*, t. II, p. 401.

121. *Ibid.*, p. 396.

122. André Breton, « La lanterne sourde », *Des épingles tremblantes, ibid.*, t. III, p. 382.

123. André Breton, « Le puits enchanté », *ibid.*, t. II, p. 1241.

124. André Breton, *Fata Morgana, ibid.*, p. 1187.

125. Jean-Michel Maulpoix, *La Voix d'Orphée, op. cit.*, p. 174.

donnent à voir, tant il est vrai que « ce mince obstacle [qu'est la fenêtre] invite à la voyance »[126] :

> Les belles fenêtres ouvertes et fermées
> Suspendues aux lèvres du jour
> Les belles fenêtres en chemise
> Les belles fenêtres aux cheveux de feu dans la nuit noire
> Les belles fenêtres de cris d'alarme et de baisers
> Au-dessus de moi au-dessous de moi derrière moi il y en a moins qu'en moi
> Où elles ne font qu'un seul cristal bleu comme les blés
> Un diamant divisible en autant de diamants qu'il en faudrait pour se baigner à tous les bengalis[127]

La voix des Muses, chez Breton, ne met pas en scène une cosmogonie de l'univers donnant à voir la naissance et l'origine de la vie, à l'instar de celle de la *Bouche d'ombre* de Victor Hugo, du bien et du mal, mais plutôt une cosmogonie de l'être, qui nous montre les origines de l'univers mental de l'homme, sa naissance ainsi que son développement dans un espace-temps soumis au diktat du désir.

Figures de l'intimité

> O les charmantes passes les beaux masques d'innocence et de fureur
> J'ai pris l'enfer par la manche de ses multiples soleils détournés des enfants par les plumes
>
> André Breton,
> « Le volubilis et je sais l'hypoténuse »

Les poèmes de Breton sont le fruit de l'automatisme verbal et du discours lyrique réunis: « le texte surréaliste s'infuse dans le poème jusqu'à se confondre avec lui »[128]. D'un bref fragment du murmure inépuisable de la voix automatique que constitue le texte surréaliste on passe à l'arrangement en une unité thématique et formelle. Que se passe-t-il en fait? Par rapport aux textes des

126. *Ibid.*, p. 172.
127. André Breton, « Nœud de miroir », dans *Le Revolver à cheveux blancs*, *Œuvres complètes, op. cit.*, t. II, p. 87.
128. Michel Murat, « Jeux de l'automatisme », *op. cit.*, p. 15.

Champs magnétiques, les poèmes de Breton présentent à quelques exceptions près le même degré d'incompatibilité. Ce qui diffère, c'est que la voix automatique pure se trouve incluse en ce qui concerne les poèmes dans un mouvement d'élévation, d'unification et d'harmonie. Le mouvement d'« emportement »[129] qui est la propriété essentielle de l'écriture automatique, flot de paroles qui passe outre les règles de la logique, « sabbat et chaos de paroles »[130], est dévié de sa trajectoire anarchique en avant vers une trajectoire qui tend vers le haut grâce à l'appui que lui procure les procédés essentiels du lyrisme qui sont l'exclamation, le développement et la répétition. Le ton, qui, selon la définition proposée par Buffon, est « la convenance du style à la nature du sujet »[131], essentiellement hyperbolique dans l'écriture automatique pure, s'approprie dans les poèmes, au fur et à mesure que le surréalisme se précise en sa formulation, le registre de l'éloquence, de la célébration et de la grandeur. La voix automatique de Breton pour mieux enchanter finit par chanter « divinement ». Et si elle chante, c'est que le poète par son exigence morale et son évolution spirituelle a en quelque sorte *éduqué* ses passions. Et au fil de l'œuvre, il devient de plus en plus maître dans cet art particulier de montrer à ses pulsions le chemin naturel qui élève l'âme et l'esprit. Le poète surréaliste est maître non pas « de l'ordre et du mouvement qu'on met dans ses pensées »[132], mais de l'ordre et du mouvement de ses passions; il en est en quelque sorte le chef d'orchestre qui, à partir d'une partition inconsciente, sait donner à chaque désir les conditions nécessaires à son épanouissement ascendant:

> Jamais tant que dans l'écriture poétique surréaliste on n'a fait confiance à la valeur *tonale* des mots. [...] En matière de langage les poètes surréalistes n'ont été et ne demeurent épris de rien tant que de cette propriété des mots à s'assembler par chaînes singulières pour resplendir, et cela au moment où on les cherche le moins. Ils n'ont tenu à rien tant qu'à ramener ces chaînes des lieux obscurs où elles se forment pour leur faire affronter la lumière du jour. Et ce qui les a requis dans ces groupements verbaux, ce qui les a dissuadés d'y

129. Michel Murat, « Les lieux communs et l'écriture automatique », dans *Littérature Moderne I. Avant-Garde et Modernité*, Paris, Champion-Slatkine, 1988, p. 126.
130. *Ibid.*, p. 127.
131. Définition proposée par Buffon, *Discours sur le style, op. cit.*, p. 28.
132. *Ibid.*, p. 19.

rien changer […] c'est que leur structure offrait cet aspect inéluctable de l'enchaînement musical, que les mots qui les composaient s'étaient distribués selon des affinités inhabituelles mais beaucoup plus profondes[133].

Même si l'effort rhétorique du surréalisme porte d'avantage sur l'invention que sur l'élocution, cela n'empêche pas moins que l'écriture surréaliste se sert de figures relevant de la rhétorique pour se manifester. Ainsi l'équivalence de procédés formels que Breton établit entre la « parole intérieure » et la « parole extérieure » :

> La « parole intérieure », que le surréalisme poétique s'est plu électivement à manifester et dont, bon gré mal gré, il a réussi à faire un moyen d'échange sensible entre certains hommes, est absolument inséparable de la « musique intérieure » qui la porte et la conditionne très vraisemblablement. Comment en serait-il autrement puisque la parole intérieure telle qu'elle est enregistrée par « l'écriture automatique » est assujettie aux mêmes conditions acoustiques de rythme, de hauteur, d'intensité et de timbre que la parole extérieure, quoique à un degré plus faible?[134]

L'étude concrète des procédés lyriques que je vais amorcer à présent se concentrera sur les figures de la répétition, du développement et de l'exclamation. On verra non seulement comment ces complexes figuraux structurent d'une manière efficace, et non conventionnelle – et en cela ils font violence à la tradition lyrique – les poèmes de Breton, mais également comment ces procédés servent les exigences fondamentales du surréalisme bretonien.

1. La répétition

La répétition, comme le remarque Heinrich Lausberg, « sert l'*amplificatio* affective »[135], qu'il s'agisse de l'amplification qualitative ou quantitative. Grâce à cette résonance affective, elle peut être considérée, ainsi que le souligne Jean-Michel Maulpoix, comme « la loi constitutive » du poème parce que « celui-ci a pour but

133. André Breton, « Silence d'or », dans *La Clé des champs, Œuvres complètes, op. cit.,* t. III, p. 731, c'est moi qui souligne.

134. *Ibid.*, p. 732.

135. Heinrich Lausberg, *Elemente der literarischen Rhetorik* [Éléments de la rhétorique littéraire], Munich, ed. Max Hueber, 1967, [c1963], p. 80, §241. La citation originale, traduite par moi-même, est la suivante: « Die Wiederholung des Gleichen […] dient der affektischen *amplificatio* […] ».

d'émouvoir, et non d'informer » [136]. La répétition est l'effort que réalise la langue pour s'approcher de la musique; incantatoire, elle « appelle le poème à la présence, elle fait advenir son objet » [137]. Elle est ainsi, comme les battements répétitifs du cœur, à la source de la vie, en ce sens qu'elle est répétition du même ouvert sur les transformations.

Les procédés lyriques les plus marquants de la répétition dans les poèmes sont ceux du refrain, de l'anaphore et de l'épiphore ainsi que de l'épanalepse. En général, l'utilisation de ces procédés ne suit pas la plupart du temps un ordre systématique: un procédé peut être utilisé seul ou en conjonction avec les autres, l'apparition des procédés ne suit pas une structure préétablie, ne répond pas aux exigences d'une harmonie ordonnée, au contraire, elle suit entièrement le mouvement du poème, donc celui du désir à l'œuvre à un moment donné. Ils peuvent surgir à n'importe quel endroit du poème comme une soudaine mise en relief de l'émotion autour d'un thème précis, ou bien, ils structurent dynamiquement tout le poème en distribuant, sans régularité systématique, une même forme qui lui sert d'appui rythmique. Par ailleurs, elle fonctionne soit comme un frein à l'accumulation sans limites du divers qu'à tendance à charrier le flot automatique, soit encore comme relance d'un flot verbal qui est arrivé à son épuisement.

Je montrerai d'abord, à partir de deux poèmes, comment les procédés de la répétition structurent rythmiquement un poème jusqu'à lui donner l'aspect de l'incantation.

Dans le poème « Toutes les écolières ensemble » [138], le syntagme « Tu dis », répété trois fois, confère au poème la structure d'une parole rapportée qui provoque un événement magique. La répétition ainsi que les variations qu'elle subit instaure l'incantation et permet à la gradation de se développer (suspens autour de cette parole suivi de sa résolution).

> Souvent *tu dis* marquant la terre du talon comme éclot dans un buisson l'églantine
> Sauvage qui n'a l'air faite que de rosée
> *Tu dis Toute la mer et tout le ciel pour* [1] une seule

---

136. Jean-Michel Maulpoix, *La notion de lyrisme, op. cit.*, p. 579.
137. Heinrich Lausberg, *Elemente des literarischen Rhetorik, op. cit.*, p. 578.
138. André Breton, *Le Revolver à cheveux blancs*, dans *Œuvres complètes, op. cit.*, t. II, p. 79. C'est moi qui souligne.

Victoire d'enfance dans le pays de la danse ou mieux *pour*[2] une seule
Étreinte dans le couloir d'un train
Qui va au diable avec les coups de fusil sur un pont ou mieux
Encore *pour* [3] une seule farouche parole
Telle qu'en doit dire en vous regardant
Un homme sanglant dont le nom va très loin d'arbre en arbre
Qui ne fait qu'entrer et sortir parmi cent oiseaux de neige
Où donc est-ce bien
Et quand *tu dis* cela *toute la mer et tout le ciel*
S'éparpillent comme une nuée de petites filles dans la cour d'un pensionnat sévère
Après une dictée où *Le cœur m'en dit*
S'écrivait peut-être *Le cœur mendie*

La première occurrence du syntagme, « Tu dis » introduit la parole annoncée mais celle-ci nous est encore retenue par une description de celui qui la profère « marquant la terre du talon […] » et une apostrophe qualificative adressée à l'allocutaire « Sauvage qui n'a […] »; la deuxième occurrence du syntagme « Tu dis » est le rappel lyrique de l'annonce initiale. La parole annoncée nous est maintenant donnée dans un style direct ou indirect indécidable[139]: « Tu dis Toute la mer et tout le ciel […] ». À l'intérieur de cette section, une triple répétition de la préposition « pour » développe en autant de fois dans quelle intention on évoque la mer et le ciel. La dernière répétition du syntagme « Tu dis » mentionne le pouvoir de transformation de la parole dans le domaine psychique: « Et quand *tu dis* cela toute la mer et tout le ciel / S'éparpillent comme une nuée de petites filles […] ». Fondée sur l'annonce d'une parole, la profération de cette parole et son effet, la répétition lyrique, tout en contribuant à l'unité du poème, met en valeur le pouvoir d'action de la parole, pouvoir qui est celui, rappelons-le, d'Orphée, du dieu Thot ainsi que d'Hermès Trismégiste, et que Breton dans ce poème attribue à la voix magique de la bouche d'ombre capable par sa puissance de dévoiler la réalité des choses en nous.

Dans le célèbre poème « Plutôt la vie »[140], le titre non seulement est l'incipit du poème, mais il fonctionne également, en tant qu'épanalepse au sens large, comme refrain:

---

139. On pourrait pencher pour le style direct: la majuscule ouvrant le discours après « Tu dis » peut se lire comme remplaçant les guillemets absents.
140. André Breton, « Plutôt la vie », *Clair de terre, Œuvres complètes, op. cit.*, t. I, p. 176-177. C'est moi qui souligne.

Plutôt la vie

Plutôt la vie que ces prismes sans épaisseur même si les couleurs leurs
sont plus pures
Plutôt que cette heure toujours couverte *que ces* terribles voitures de
flammes froides
Que ces pierres blettes
Plutôt ce cœur à cran d'arrêt
Que cette mare aux murmures
Et *que cette* étoffe blanche qui chante à la fois dans l'air et dans la
terre
Que cette bénédiction nuptiale qui joint mon front à celui de la vanité
totale

Plutôt la vie

Plutôt la vie avec *ses* draps conjuratoires
Ses cicatrices d'évasions
Plutôt la vie plutôt cette rosace sur ma tombe
La vie de la présence rien *que* de la présence
Où une voix dit *Es-tu là* où une autre répond *Es-tu là*
Je n'y suis guère hélas
Et pourtant quand nous ferions le jeu de *ce que* nous faisons mou-
rir

Plutôt la vie

Plutôt la vie plutôt la vie Enfance vénérable
Le ruban *qui* part d'un fakir
Ressemble à la glissière du monde
Le soleil a beau n'être *qu'*une épave
Pour peu *que* le corps de la femme lui ressemble
Tu songes en contemplant la trajectoire tout du long
Ou seulement en fermant les yeux sur l'orage adorable *qui* a nom ta
main

Plutôt la vie

Plutôt la vie avec *ses* salons d'attente
Lorsqu'on sait qu'on ne sera jamais introduit
Plutôt la vie que ces établissements thermaux
Où le service est fait par des colliers
Plutôt la vie défavorable et longue
Quand les livres *se* refermeraient ici sur des rayons moins doux
Et *quand* là-bas il ferait mieux *que* meilleur il ferait libre oui

Plutôt la vie

Plutôt la vie comme fond de dédain
A *cette* tête suffisamment belle
Comme l'antidote de *cette* perfection qu'elle appelle et qu'elle craint
La vie le fard de Dieu
La vie comme un passeport vierge
Une petite ville *comme* Pont-à-Mousson
Et *comme* tout s'est déjà dit

Plutôt la vie

En fait le syntagme « Plutôt la vie » est à la base de tout un système complexe de répétitions à partir duquel la voix automatique trouve à la fois un appui et une résolution et trie les valeurs surréalistes positives et négatives sur le modèle « Plutôt x que y ». En tant que refrain, cet adverbe syntaxique, qui signifie une préférence, sert à la fois de conclusion à la strophe qui précède et de point d'appui pour la relance du discours automatique sur d'autres chemins associatifs. En ce sens le refrain se caractérise par le fait qu'il est cinq fois formule conclusive et cinq fois intitulé de chaque nouvelle strophe. À l'intérieur des strophes un phénomène d'écho donne de l'ampleur à la répétition du syntagme « Plutôt la vie » grâce à l'élargissement de la structure initiale en « Plutôt la vie que » ainsi qu'à la répétition des mots comme « se/ce », « ses/ces », « cette », « que », « qui », « quand » et « comme ». Le poème clame par le chant les valeurs surréalistes. Mais la distribution de ce système de répétitions n'est pas régulière; au contraire la régularité est manifestement évitée, et ce caractère donne au procédé un effet de surprise dynamique, une gaieté printanière en harmonie avec le titre pour un rythme d'ensemble, qui, fondé sur des reprises à la fois régulières et variables, tend vers l'incantation.

La voix automatique, quant à elle, utilise ces points d'appui comme autant de relances. Ainsi s'accrochent au syntagme répétitif « Plutôt la vie » les fragments du murmure intérieur selon une polarité soit négative (-) soit positive (+). Le système a l'avantage d'éviter les baisses de tension dues à l'épuisement de la source, c'est-à-dire de la chaîne associative, que l'on retrouve dans *Poisson soluble*.

Plutôt la vie:

– que ces prismes sans épaisseur même si les couleurs leurs sont plus pures (-)

– que cette heure toujours ouverte que ces terribles voitures de flammes froides (-)

– que cette étoffe blanche qui chante à la fois dans l'air et dans la terre (-)

– que cette bénédiction nuptiale qui joint mon front à celui de la vanité totale (-)

– avec ses draps conjuratoires / Ses draps d'évasions (+)

– cette rosace sur ma tombe (+)

– Enfance vénérable / Le ruban qui part d'un fakir
    Ressemble à la glissière du monde (+)

– avec ses salons d'attente / Lorsqu'on sait qu'on ne sera jamais introduit (+)

Les exemples plus isolés de répétition, où celle-ci soudain met en valeur un motif, une émotion à l'intérieur du poème sont très nombreux: tous les poèmes en fait en contiennent. Chaque poème comporte soit des chaînes de sonorités récurrentes, soit des répétitions de mots ou de syntagmes. La répétition porte sur des termes clés du surréalisme ou du moins en relation avec celui-ci tels que « femme », « minuit », « lucarne », « vie », « neige », « amour », « fenêtre », « saison », « désespoir », « ouvrir », « monde », « baiser », « liberté », « feu », etc. Par ailleurs, elle s'appuie également sur des conjonctions renforçant le style éloquent des poèmes comme le « si » optatif dans « L'Aigrette »[141] sous forme de l'anaphore: « Si seulement il faisait du soleil cette nuit / Si dans le fond de l'Opéra deux seins miroitants et clairs […] Si le pavé […] »; sur des adverbes de négation; « Jamais le ciel toujours le silence / Jamais la liberté que pour la liberté »[142]; et, en guise de dernier exemple, sur l'adverbe « encore » et la conjonction « comme » marquant la multiplication polysémique des comparaisons selon le modèle des « beaux comme » de Lautréamont:

> Les saisons lumineuses *comme* l'intérieur d'une pomme dont on a détaché un quartier
> *Ou encore comme* un quartier excentrique habité par des êtres qui sont de mèche avec le vent

---

141. André Breton, « L'Aigrette », *ibid.*, p. 183-184.
142. André Breton, « Non-lieu », *Le Revolver à cheveux blancs, ibid.*, t. II, p. 67.

> *Ou encore comme* le vent de l'esprit qui la nuit ferre d'oiseaux sans bornes les chevaux à naseaux d'algèbre
> *Ou encore comme* la formule
> Teinture de passiflore[143]

Qu'ils structurent tout le poème ou seulement une partie de celui-ci, les procédés de la répétition apparaissent quand, sous la poussée d'une émotion forte, ils permettent à celle-ci de durer dans le temps, de se développer et de préparer la relance ou d'atteindre l'apothéose.

2. L'exclamation et le développement

Entre les complexes figuraux de l'exclamation et du développement, le rapport est de nature dialectique: le développement sans exclamation qui le propulse ou qui en marque l'acmé, reste du domaine du prosaïque. Inversement, l'exclamation sans développement ne serait que simple cri, sans épanouissement de sa substance. Dans ce mouvement d'élévation du lyrisme s'inscrit l'expérience humaine du poète, ce dialogue entre lui-même, le monde et son désir, ce triple travail, selon les termes de Jean-Michel Maulpoix, de transformation du réel, « sur soi, sur la langue et sur l'imaginaire »[144].

L'origine de l'exclamation c'est le cri, celui du nouveau né qui respire pour la première fois, celui de l'amour, du plaisir et de la souffrance, celui encore de la révélation qui soudain submerge l'être, ou de la rage, convulsion du corps sous la dernière pulsion vitale de l'être face à la mort. Elle est, en cela, au-delà ou en-deça de la parole, elle en manifeste l'origine comme le dépassement. Elle est l'expression la plus directe possible de l'être soumis à une forte émotion et en cela elle relève de l'extase, et plus précisément du sacré en ce sens qu'elle « fonde sur l'inexprimable le discours poétique »[145].

Maulpoix relève deux types d'exclamations: celle, à l'origine d'un mouvement lyrique, que le développement complète, et celle à la fin d'un développement lyrique, en guise d'acmé. Du point de vue formel, l'exclamation peut être le « ô » invocatif ou le « oh »

---

143. André Breton, « Nœud des miroirs », *ibid.*, p. 87-88. C'est moi qui souligne.
144. Jean-Michel Maulpoix, *La Notion de lyrisme, op. cit.*, p. 596 et 598.
145. Jean-Michel Maulpoix, *La Voix d'Orphée, op. cit.*, p. 78-80.

exclamatif, la simple marque de ponctuation «!», ainsi que tout impératif ou tout syntagme, voire phrase entière, portant en eux une forte charge émotive.

En ne considérant, par exemple, que les exclamations marquées par un signe de ponctuation ou par des mots exclamatifs, on remarque que ceux-ci sont fréquents dans le recueil de poèmes en prose *Constellations*, et qu'ils prennent parfois la forme d'une longue phrase comme si Breton tenait à ce que l'étincelle brûle le plus longtemps possible: a) signe ou mot exclamatif: «Nantis au grand complet de leur attirail, les ramoneurs échangent leurs plus longs «Ooooh-Ooooh» par le tuyau de la cheminée», («L'Échelle de l'évasion», *op. cit.*, p. 131); «En contrepoint, dans le murmure qui s'amplifie s'essore une barcarolle dont jaillit tintinnabulant notre grand ami Obéron, qui règne sur le cresson de fontaine. Chut! Sans plus bouger il nous convie à entendre le beau Huon […]» («Le Réveil au petit jour», p. 155); «On la [Psyché] voit sans souffle atteindre le sommet, sa gaze plus lacérée et plus lucide qu'une nuit d'été. Hélas, le dieu [Amour] n'y est pas […]» («Le 13 l'échelle a frôlé le firmament», p. 151); et b) phrase exclamative: « «Il est sur mon talon, il en veut à chacune de mes boucles, il me traite comme un violon qu'on accorde, il m'oublie dans son labyrinthe où tourne l'agate œillée!», («Femmes encerclées par le vol d'un oiseau», p. 159); «Vous pouvez fuir, les belles, la poursuite ne sera pas longue!» («Le Crépuscule rose caresse les femmes et les oiseaux», p. 169.); «'Encore une minute, monsieur le bourreau!'» («Le Passage de l'oiseau divin», p. 171.)

En ce qui concerne le développement, il est à noter que son domaine ne se limite pas uniquement à son actualisation dans l'écriture. À l'instar de l'exclamation, il précède l'écriture. Il est ce moment d'attente avant le surgissement de l'écriture, il est «la lecture, la promenade, la rêverie, l'étude ou l'oisiveté, tout ce qui mène un être jusqu'à ses propres rives sous les arceaux du temps»[146], et de cette longue patience accordée à la germination de l'être inconnu en nous surgit l'exclamation, «tel un soudain réveil», souligne Jean-Michel Maulpoix[147]. En ce qui concerne son actualisation dans l'écriture, le développement correspond «à cette période durant laquelle la parole filtre et distribue le «moi» et le

---

146. Jean-Michel Maulpoix, *La Notion de lyrisme, op. cit.*, p. 604.
147. *Ibid.*, p. 605.

monde, détaillant leur substance, établissant des liens et des correspondances multiples, prêtant un corps à l'inexprimé »[148]. Il s'appuie tout autant sur l'harmonie des sons que sur la gradation qualitative, qui refuse, à l'instar du mouvement ascendant du signe surréaliste, tout vecteur dépréciatif ou purement quantitatif.

L'analyse du poème *Fata Morgana* me servira d'exemple pour montrer comment se met en place la dialectique entre exclamation et développement dans les poèmes de Breton, et comment à nouveau les thèmes surréalistes majeurs s'y cristallisent. Le mode de la protestation, mode énonciatif extrême de l'exclamation, est à l'origine de nombreux poèmes, il est un des éléments les plus marquants de l'éloquence bretonienne. Ce mode, qui couvre l'échelle des émotions exclamatives (de la simple surprise à l'effroi et à la jouissance en passant par l'indignation et par l'enthousiasme) s'associe étroitement avec les ressources de la répétition pour instaurer le rythme de base à partir duquel le développement tire le flot de la voix automatique vers le haut.

Dans *Fata Morgana*, dédié à Jacqueline Lamba, un agencement complexe entre exclamation, répétition et développement sert de structure dynamique:

1re partie: adresse à l'aimée: « Écoute »[149]

Le développement introductif, ponctué par une répétition avec variation du syntagme sur le mode optatif des comptines, « Un jour un nouveaux jour […] Un jour un nouvel amour […] Un nouveau jour est bien près de toi », débouche sur une exclamation: « Écoute ». Cette apostrophe à l'aimée, à la fois clôture l'introduction du poème et confère à la deuxième section le caractère d'une parole proférée à l'attention de l'aimée.

2e partie: Les visions de l'enfance: « Je vois le lutin »[150]

À l'intérieur de cette section, un ensemble d'exclamations renforcées par la répétition d'une interrogation relancent le développement autour des visions merveilleuses tout en les enserrant dans un discours explicatif:

---

148. *Ibid.*, p. 604.
149. André Breton, *Fata Morgana, Œuvres complètes, op. cit.,* t. II, de l'incipit « Ce matin la fille… », p. 1185 jusqu'à « Écoute », p. 1186, 20 vers.
150. *Ibid.* de « Je vois le lutin », p. 1185-1186 jusqu'à « Non le lit à folles aiguillées […] », p. 1189, 88 vers.

– syntagmes exclamatifs, commentaires du poète sur le poème en train de naître, en vers isolés et mis en italique:

> *Comme c'est joli qu'est-ce que ça rappelle*
> [...]
> *Comme c'est joli*
> [...]
> *Qu'est-ce que ça rappelle*[151]

– syntagme inclus dans le corps du texte et rappelant l'exclamation initiale, «Je vois le lutin»:

> Je commence à voir autour de moi dans la grotte[152];

ou alors, se donnant à lire comme glose:

> Ô tourbillon plus savant que la rose
> Tourbillon qui emporte l'esprit qui me regagne à l'illusion enfantine
> [...][153]

3e partie: Interrogation sur les mystères de la vie et de l'amour: «Dis-moi [...] / Ce qui *se passe*»[154]

Si la seconde section est l'adresse à l'aimée pour qu'elle écoute ce que la voix automatique du poète dévoile, la troisième est une demande d'explication adressée à l'aimée: «Dis-moi», le complément d'objet direct venant quelques vers plus loin rappeler l'exclamation initiale «Ce qui *se passe*»[155]. Le développement qui interroge le sentiment du doute et de la certitude relatif à l'amour s'étire jusqu'au vers «Dans ta voix se font la courte échelle des trilles d'oiseaux perdus»[156].

4e partie: Le tourbillon de la vie et du devenir: «Beaux dés pipés»[157]

À partir de l'exclamation «Beaux dés pipés», qui ouvre un long développement sur la réversibilité des signes pouvant être à la fois

---

151. *Ibid.*, p. 1186-1187.
152. *Ibid.*, p. 1187.
153. *Ibid.*, p. 1188.
154. *Ibid.* de «C'est la pièce sans entractes [...]», p. 1189 jusqu'à «Dans ta voix se font la courte échelle [...]», p. 1190, 25 vers.
155. *Ibid.*, p. 1189.
156. *Ibid.*, p. 1190.
157. *Ibid.* de «Beau dés pipés», p. 1190 jusqu'à «Il n'est que de fermer les yeux [...]», p. 1194, 122 vers.

source de « Bonheur et de malheur », rappelant l'alternance entre illusion et réalité propre aux mirages, la partie nous présente le poète pris dans le jeu à la fois angoissant et exaltant des obstacles et des métamorphoses. On y trouve, au milieu de considérations sur l'existence, la dissociation du moi et la quête de l'unité, le récit d'un rêve donné en italique – sorte de mise en abîme du poème par sa temporalité suspendue et la condensation d'une succession d'actions « en même temps » – et le motif de la « momie d'ibis » qui se fonde lui aussi sur le thème du démembrement. Quelques exclamations à l'intérieur de cette section ponctuent les étapes de cette expérience de la dépersonnalisation et du devenir:

> Si j'échappais à mon destin[158]

> C'est toi c'est moi à tâtons sous l'éternel déguisement[159]

> Ouf le basilic est passé tout près sans me voir[160]

5ᵉ partie: Mirages mentaux de la vie convulsive: « Ceci dit la représentation continue »[161]

Cette section, sur laquelle le poème se clôt, s'ouvre avec une exclamation atténuée « Ceci dit la représentation continue »[162] et, tout en développant sur le modèle des scénarios de films quelques anecdotes insolites et tragiques de la vie d'Isabeau de Bavière et de Charles VI, dit le fou, le motif prépare l'exclamation finale, triomphante:

> Plus ne m'est rien rien ne m'est plus
>   Oui sans toi
> Le soleil[163]

---

158. *Ibid.*, p. 1190.
159. *Ibid.*, p. 1192.
160. *Ibid.*, p. 1193; le basilic, 1. espèce de lézard ou de serpent auquel les anciens attribuaient la faculté de tuer par son seul regard; 2. nom d'un genre de reptiles, tous de l'Amérique et inoffensifs, vivant sur les arbres, ainsi nommé par Linné à cause qu'ils ressemblent à la description du basilic fabuleux des Grecs (Littré).
161. *Ibid.* de « Ceci dit la représentation continue », p. 1194 jusqu'à la fin du poème, p. 1195, 35 vers.
162. *Ibid.*, p. 1194.
163. *Ibid.*, p. 1195. Gérard Legrand propose l'interprétation suivante de ces vers fondés sur d'« audacieuses contraction et transmutation syntaxiques »: « La devise était: 'Plus ne m'est rien (souffrir davantage ne me serait rien), rien ne m'est plus (rien ne vaut plus pour moi)'. Breton rajeunit le sens et le fait 'repartir' [...] (disposition mallarméenne qui 'fait apparaître' l'astre, le désigne presque du doigt, tout

Rien qu'en considérant les exclamations majeures du poème à partir desquelles le développement du corps du poème s'organise, « Écoute », « Je vois le lutin », « Dis-moi », « Ô tourbillon plus savant que la rose », « Beaux dés pipés », « Ouf le basilic est passé tout près sans me voir », « Plus ne m'est rien rien ne m'est plus / Oui sans toi / Le soleil », on fait le tour des préoccupations essentielles du poète: l'amour, l'instable, le hasard, le merveilleux, l'angoisse et l'illumination.

En guise d'exemple de développement je retiens le motif de la « momie d'ibis »[164] de *Fata Morgana*, qui, rappelons-le, est en relation par le biais du dieu Thot avec toute la tradition d'Hermès Trismégiste. Ce développement, qui allie le dirigé au laisser faire, se déroule en trois tempos. Le premier rythme (**a**) utilise le syntagme répétitif « momie d'ibis » en tant qu'incise incantatoire rendue par une épiphore; dans le second rythme (**b**), « momie d'ibis » apparaît en une anaphore, à partir de laquelle le vers, à chaque fois, élabore une valeur différente du syntagme; et, enfin, le troisième (**c**) reprend la forme du premier, avec la différence que l'incise prend ici manifestement la valeur d'une apostrophe incantatoire:

> (**a**) Dans les entrelacs de l'histoire *momie d'ibis*
> Un pas pour rien comme on cargue la voilure *momie d'ibis*
> Ce qui sort du côté cour rentre par le côté jardin *momie d'ibis*
> Si le développement de l'enfant permet qu'il se libère du fantasme de démembrement de dislocation du corps *momie d'ibis*
> Il ne sera jamais trop tard pour en finir avec le morcelage de l'âme *momie d'ibis*
> Et par toi seule sous toutes ses facettes de *momie d'ibis*
> Avec tout ce qui n'est plus ou attend d'être je retrouve l'unité perdue *momie d'ibis*
> (**b**) *Momie d'ibis* du non-choix à travers ce qui me parvient
> *Momie d'ibis* qui veut que tout ce que je puis savoir contribue à moi sans distinction
> *Momie d'ibis* qui me fait l'égal tributaire du mal et du bien
> *Momie d'ibis* du sort goutte à goutte où l'homéopathie dit son grand mot

en faisant le sujet du verbe être: 'sans toi le soleil ne m'est plus rien, et rien n'est plus pour moi le soleil, le soleil sans toi n'est plus le soleil') », dans Gérard Legrand, *André Breton en son temps*, Paris, Le Soleil Noir, 1976, p. 107-108.
164. André Breton, *Fata Morgana, Œuvres complètes, op. cit.,* t. II, p. 1192-1193. C'est moi qui souligne.

Momie d'ibis de la quantité se muant dans l'ombre en qualité
Momie d'ibis de la combustion qui laisse en toute cendre un point rouge
Momie d'ibis de la perfection qui appelle la fusion incessante des créatures imparfaites
(c) La gangue des statues ne me dérobe de moi-même que ce qui n'est pas le produit aussi précieux de la semence des gibets *momie d'ibis*
Je suis Nietzsche commençant à comprendre qu'il est à la fois Victor-Emmanuel et deux assassins des journaux Astu[165] *momie d'ibis*
C'est à moi seul que je dois tout ce qui s'est écrit pensé chanté *momie d'ibis*
Et sans partage toutes les femmes de ce monde je les ai aimées *momie d'ibis*
Je les ai aimées pour t'aimer mon unique amour *momie d'ibis*
Dans le vent du calendrier dont les feuilles s'envolent *momie d'ibis*
En vue de ce reposoir dans le bois *momie d'ibis* sur le parcours du lactaire délicieux

Ouf le basilic est passé tout près sans me voir

La progression de l'ensemble est nettement qualitative. Après des considérations générales sur l'espace-temps ainsi que sur la dissociation et l'unité de l'âme, qui s'avéreront être les qualités principales de la momie d'ibis, le poète s'adresse à l'aimée en tant que principe d'unité, tout en l'associant à la momie d'ibis qui se trouve pour la première fois syntaxiquement intégrée en tant qu'objet: « Et par toi seule sous toutes *ses facettes de momie d'ibis* [...] je retrouve l'unité perdue momie d'ibis ». Ensuite, maintenant la célébration sous la forme de l'anaphore, le poète décline, à l'instar du mort les qualités des dieux égyptiens surveillant les vingt et une portes de la maison d'Osiris, les hautes qualités de la momie, qui sont aussi, indirectement, les qualités de l'aimée. C'est alors que le poète, dans le dernier mouvement, prend conscience de sa nouvelle nature. Il se sent à la fois multiple et un, il perd son individualité jusqu'à devenir conscience universelle (« C'est à moi seul que je dois tout ce qui s'est écrit pensé chanté [...] »), et retrouve son individualité par la sublimation de l'amour porté à toutes les femmes en l'amour porté à celle à qui il s'adresse. Ce mouvement

---

165. Exclamation énigmatique que Nietzsche a utilisée dans une lettre datée du 6 janvier 1889. *Cf.* note 1 page 1193, dans *les Notices des Œuvres complètes, op. cit.,* t. II, p. 1794.

d'exaltation amoureuse qui mène le poète au principe même de la vie où il se désintègre pour mieux s'unifier, finit par se résorber dans une image insolite où dominent les qualités de l'élévation et du merveilleux.

Après cette expérience mentale qui n'est pas sans être éprouvante et dangereuse, le poète peut fièrement clamer son soulagement d'avoir su éviter l'angoisse qui pétrifie: «Ouf le basilic est passé tout près sans me voir»[166]. Le développement qualitatif prépare d'une manière progressive et structurée le cri de la victoire sur les forces psychiques qui inhibent la conscience.

Les procédés reliés à la répétition, à l'exclamation ainsi qu'au développement sont à la base de l'impression d'élévation merveilleuse qui caractérise les poèmes de Breton. Véritable point d'appui pour le lecteur qui se meut au sein du chaos verbal, ils renforcent le réseau particulièrement lumineux et transparent des thèmes essentiels du surréalisme qui traversent les poèmes, et contribuent ainsi à l'impression d'ensemble que la voix automatique est capable de se manifester sous les traits d'une remarquable harmonie du chaos, *carmen* envoûtant issu de l'intimité la plus obscure de l'être rendue à la clarté du jour.

---

166. Dans la deuxième section (p. 1187) le basilic est déjà évoqué: «La bête aux écailles de roses aux flancs creux dont j'ai trompé depuis longtemps la vigilance».

« La nuit des éclairs » :
« Voir et faire voir » le point sublime

> Car ce n'est pas à la persuasion mais à l'extase que
> la sublime nature mène les auditeurs. Assurément
> partout, accompagné du choc, le merveilleux l'em-
> porte sur ce qui vise à convaincre et à plaire.
>
> Longin, *Du sublime*, I. 4

En portant l'attention sur le langage de l'inconscient, en lui donnant les moyens de se produire avec le moins possible de contrôle
exercé par la conscience, Breton et ses amis ont réactivé d'une
manière radicale une des voies du sublime enfuie depuis des siècles:
la voix du délire, de la possession, de la fureur. L'expérience de
l'abîme, chez Breton, n'est pas celle d'un homme face au déchaî-
nement des éléments de la nature, ni celle d'un peuple en guerre
face à son destin, ni celle d'un astronaute naviguant dans l'espace,
mais celle de la part obscure de l'homme, qui, avec l'infini de l'univers, constitue, pour les modernes, un des rares territoires qui restent encore en grande partie inexplorés.

Comme pour toute expérience dangereuse, l'être doit être préparé afin d'éviter les accidents. La plongée dans l'inconscient, n'est
pas sans risque pour la santé mentale, le cauchemar guette au
moindre doute. L'expérience de l'écriture automatique l'a bien
montré: pratiquée sans précautions et trop longtemps, la dictée
plonge le scripteur dans un état hallucinatoire et risque de provoquer des crises de folie. À l'opposé, l'expérience sans contrôle, sans
la nécessaire attitude éthique, peut aussi tourner à vide: très rapi-
dement les poncifs ont vu le jour dans le groupe surréaliste. N'étant
plus sous *le liant* d'aucune émotion, la voix perd son caractère extatique. Avec la découverte de l'importance de l'amour et des mythes
pour assurer à l'homme la prise en main de sa liberté et de son
destin, l'éthique rigoureuse et radicale de Breton a préparé son être
à ne laisser filtrer les pulsions érotiques et destructives que sous
l'action de la sublimation. Le travail sur l'*inventio* est donc d'ordre

éthique: l'attente du « moment », les contraintes imposées au surgissement du flot de l'écriture, l'attitude du « laisser faire » une fois
celui-ci amorcé, les corrections et le choix des publications se font
dans le but de donner au flot un caractère révélateur, émotif et
bouleversant. Le surréalisme réapprend à l'homme à éduquer ses
passions, non en les refoulant, mais en leur donnant la liberté
nécessaire à leur déploiement. L'éthique du surréalisme, sommation
pour la liberté, l'amour et la poésie, est celle de l'expérience
sublime, comme le rappelle Marc Richir: « ce qu'il faut comprendre
[…] c'est que l'épreuve que rencontre le sublime suppose une fermeté d'âme qui est aussi celle de la liberté »[1], ainsi que Jean-Luc
Nancy: « La poésie sublime aurait le style du commandement?
C'est plutôt le commandement, l'impératif catégorique, qui est
sublime, parce qu'il ne commande rien d'autre que la liberté »[2].

Ce déploiement sublime de la voix originaire que le surréalisme
protège et stimule relève de la sublimation et de l'inspiration. Dans
le *Second Manifeste*, Breton associe les deux termes, et, sans toutefois explicitement établir leur équivalence, il laisse entendre que la
sublimation rend compte en termes psychanalytiques et alchi-
miques de la dimension fonctionnelle de l'inspiration, dépouillée
préalablement de ses présupposés divins. Breton considère en effet
que la sublimation, dans le surréalisme, englobe en grande partie
toute l'activité des surréalistes, c'est-à-dire leur « souci de créer, de
détruire artistiquement[3] », de sublimer les pulsions érotiques et destructives. Face au caractère impitoyable du principe de réalité, l'enseignement de Freud souligne que l'être humain crée en lui tout un
monde de fantaisies, et que, s'il parvient à surmonter le refoulement
de la censure, la transmutation de ce monde intérieur en réalité
artistique contribuera à l'épanouissement de son être, alors que
l'échec de cette sublimation le mène sur le chemin des maladies
mentales. À tous les hommes qui possèdent cette « précieuse
faculté »[4] Breton conseille alors de s'interroger sur les mécanismes
complexes de l'inspiration qu'il définit en ces termes, et l'on remarquera aisément comment sous cette définition agit le sublime:

---

1. Marc Richir, « L'expérience du sublime », *Magazine littéraire*, n° 309, avril
1993, p. 37.
2. Jean-Luc Nancy, « L'Offrande sublime », *Du sublime*, collectif, *op. cit.*, p. 72.
3. André Breton, *Second manifeste du surréalisme*, *Œuvres complètes, op. cit.*, t. I,
p. 808.
4. *Ibid.*, p. 809.

[…] c'est elle [l'inspiration] qui a pourvu aux besoins suprêmes d'expression en tout temps et en tous lieux. […] Nous la reconnaissons sans peine à cette prise de possession totale de notre esprit […], à cette sorte de court-circuit qu'elle provoque entre une idée donnée et sa répondante (écrite par exemple). Tout comme dans le monde physique, le court-circuit se produit quand les deux «pôles» de la machine se trouvent réunis par un conducteur de résistance nulle ou trop faible. En poésie, en peinture, le surréalisme a fait l'impossible pour multiplier ces courts-circuits. Il ne tient et il ne tiendra jamais à rien tant qu'à reproduire artificiellement ce moment idéal où l'homme, en proie à une émotion particulière, est soudain empoigné par ce «plus fort que lui» qui le jette, à son corps défendant dans l'immortel. Lucide, éveillé, c'est avec terreur qu'il sortirait de ce mauvais pas. Le tout est qu'il n'en soit pas libre, qu'il continue à parler tout le temps que dure la mystérieuse sonnerie: c'est, en effet, par où il cesse de s'appartenir qu'il nous appartient[5].

Possession, court-circuit, reproduction du moment sacré où l'homme est submergé par ce «plus fort que lui», terreur et paradoxe de la révélation, ces termes relèvent directement du domaine du sublime. En ce sens la poésie de Breton possède un caractère distinctif: comme le souligne Michel Murat, elle «*manifeste*[6]» l'un des surréalismes, celui, dirai-je, de *l'inspiration sublime*, de la possession de l'être par la voix automatique.

Le sublime est la source dont la poésie et les mythes tirent leur substance pour construire une réalité à la hauteur des plus grandes aspirations de l'homme. Le surréalisme rappelle à la société qui s'appuie sur les forces conservatrices qu'appelle le bon fonctionnement de l'économie, que les forces révolutionnaires lui sont nécessaires pour se régénérer et pour éviter d'épuiser, voire de figer, sa vitalité dans le «même».

Violence faite à soi-même pour être prêt à recevoir le message de la voix magique, violence faite à la société pour lui faire prendre conscience de ses égarements, violence de la voix même qui est l'expression turbulente de la destruction et de la création, la fureur poétique qui anime Breton répond aux forces d'inhibitions externes comme internes qui empêchent l'homme d'assurer son développement. Breton affronte les monstres de la mort psychique, ceux qui pétrifient par le regard, les Gorgones, Sodome et Gomorrhe ou le

---

5. *Ibid.* p. 809.
6. Michel Murat, «Les lieux communs de l'écriture automatique», *op. cit.*, p. 131.

Basilic, c'est-à-dire, le passé, la somme de nos actes, notre personnalité, mais aussi, le passé en tant que présent structuré, clos et
révolu, le déjà-vu. Il s'agit d'esquiver la mort mentale provoquée
par la répétition automatique du même en laissant libre cours au
flot automatique. Comme le souligne Laurent Jenny, l'éclectisme
de la voix automatique « s'explique aisément par des motifs « éco-
nomiques » »: dès lors que le murmure est décrété « intarissable », il
doit aussi être alimenté sans défaillance et il faut puiser dans le
réservoir des formes génériques disponibles, des « 'patrons' discursifs[7] ». Jenny enchaîne en qualifiant l'écriture automatique, par ce
retour en arrière, de « rétrospective »: « la poésie n'est plus « en
avant » comme le préconisait Rimbaud, mais tournée en arrière,
elle revisite le musée des formes littéraires »[8] pour en détruire les
frontières. Ce disant, il relève la fonction destructrice de la voix
magique. L'importance de la fonction créative, du mouvement en
avant, par contre, est soulignée par Michel Murat: « La déconstruction du genre […] importe moins que la capacité d'échafau-
der avec des matériaux hétéroclites l'équivalent d'un 'palais idéal' »[9].
Le sublime lie ces deux mouvements antagonistes en un mouvement d'arrachement pour voir et faire voir.

Le travail de l'écriture automatique comme celui du sublime est
toujours double: *en même temps* il disjoint tout en joignant. Il en
résulte une tension propice à la libération d'émotions fortes chez
le scripteur, et apte à toucher au sens fort du terme le lecteur, c'est-
à-dire, à le choquer pour mieux libérer en lui les émotions de
l'émerveillement. Cet espace tensif, agrammatical au sens riffater-
rien du terme, décrit par Laurent Jenny dans son ouvrage *La Parole
singulière* en terme de « figuralité[10] », constitue justement cet événement intime surréaliste particulier où se joue *en même temps* la
destruction des éléments pétrifiants, (non sens, angoisse, dissolution du moi) et la « reconstruction » des éléments détruits à partir
d'analogies inattendues, excès de sens, source de plaisir et de l'unité
du moi retrouvée dans sa multitude.

---

7. Laurent Jenny, « L'Automatisme comme mythe rhétorique », dans *Une pelle au
vent dans les sables du rêve, op. cit.*, p. 30.
8. *Ibid.*, p. 30.
9. Michel Murat, « Jeux de l'automatisme », *ibid.*, p. 13.
10. Laurent Jenny conçoit la figuralité comme « champ tensionnel », « composition de forces disparates », dans Laurent Jenny, *La Parole singulière*, Paris, Belin,
coll. « L'Extrême contemporain », 1990, p. 74 et 75.

Or ce mouvement de déconstruction et de reconstruction est à la base de la définition de la sublimation chez Mélanie Klein. L'étude du psychisme chez les enfants a amené la psychanalyste à la constatation que la sublimation relevait de la tendance « à réparer ou restaurer le « bon » objet mis en pièces par les pulsions destructrices » [11]. André Breton n'est pas sans connaître ces travaux puisque, rappelons-le, dans *Fata Morgana* il établit une équivalence entre ce trait psychique de l'enfance et le désir de retrouver l'unité perdue qui aiguillonne l'adulte:

> Si le développement de l'enfant permet qu'il se libère du fantasme de démembrement de dislocation du corps momie d'ibis
> Il ne sera jamais trop tard pour en finir avec le morcelage de l'âme momie d'ibis
> Et par toi seule sous toutes ses facettes de momie d'ibis
> Avec tout ce qui n'est plus ou attend d'être je retrouve l'unité perdue momie d'ibis [12]

Le Pseudo-Longin insiste également sur le fait que l'ultime mouvement du sublime est la synthèse des éléments disjoints (pensée, passion, lexie, figures et rythme) en un tout harmonique qui ravit. La poésie de Breton opère une telle synthèse, elle est *à la fois* le corps déchiré et rassemblé d'Orphée: le chant de la tête coupée rassemble le corps.

L'étude que nous allons mener maintenant tâchera de rendre compte de la fermeté d'âme qu'il faut posséder pour aborder les rivages du sublime, ainsi que du jeu de tension sur le mode de la disjonction et de la conjonction qui règne dans ces espaces.

L'éthique de la grandeur d'âme

> Teide admirable, prends ma vie! (..) C'est mon cœur qui bat dans tes profondeurs inviolables, dans cette aveuglante roseraie de la folie mathématique où tu couves mystérieusement ta puissance. […] Puisse ma pensée parler par toi, par les mille gueules hurlantes d'hermines en quoi tu t'ouvres là-haut au lever du soleil!
>
> André Breton, *L'Amour fou*

---

11. Jean Laplanche et Jean-Bernard Pontalis, *Vocabulaire de la psychanalyse*, Paris, PUF, 1967, sous l'article « Sublimation », p. 466.
12. André Breton, *Fata Morgana*, *Œuvres complètes, op. cit.,* t. II, p. 1192.

Qu'est-ce qui sauve Breton de la mégalomanie, du voir trop grand, de l'exagération? C'est le fait qu'il entre dans le volcan avec le cœur: l'amour et le lyrisme lui évitent la voie du mépris, lui conservent l'enthousiasme de la jeunesse, l'indispensable humilité face au plus grand que nous.

Inversement, la quête de la hauteur ne retient du lyrisme que ses élans les plus dynamiques: les chants sentimentaux et élégiaques, la puérilité et la froideur n'ont pas droit de cité dans le décorum sublime comme le souligne le Pseudo-Longin: «Car des passions basses et qui n'ont rien avoir avec le sublime, il s'en trouve, comme lamentations, chagrins, craintes [...]» et «la puérilité est directement le contraire de la grandeur [...] [c'est] une pensée qui sent son écolier; qui par trop de minutie aboutit à la froideur [...]»[13]. Il en va de même des poèmes où le jeu systématique sur le signifiant domine, mettant en valeur la figure et non le signifié: «C'est pourquoi la figure paraît être la meilleure quand ceci même demeure caché: le fait qu'il y a figure»[14].

En fait, toute une facette du sublime dans les poèmes de Breton relève de l'éducation morale vers la grandeur d'âme. En même temps que les poèmes bretoniens tentent de couvrir tous les aspects de la vie (l'histoire, le savoir, le sacré, l'art, la politique, la vie privée et les rêves), ils instruisent en donnant des conseils et exigent de la part du lecteur d'être cultivé.

Dans ce chapitre je propose de rendre compte de cette attitude particulière qui confère au lyrisme le caractère non pas de la lamentation mais celui de la grandeur en lui donnant accès au sublime. Je passerai d'abord en revue les différentes recommandations au lecteur, conseils, commandements, sommations qui se glissent au sein des poèmes, puis j'étudierai le réseau des noms propres, figures de l'émulation, pour ensuite aborder les modalités du tri qui ont prévalu lors de la composition des anthologies *Le Revolver à cheveux blancs* (1932), *Poèmes* (1943), *Clair de terre* (1966) et *Signe ascendant* (1967).

---

13. Longin, *Du sublime, op. cit.*, VIII. 2 et III. 4.
14. *Ibid.*, XVII. 1.

1. Les mises en demeure

Le sublime « donne à voir » ce qui n'est pas visible à l'œil nu. À l'instar des prêtres, prophètes, sibylles et chamans qui par le passé ont « voyagé » dans le domaine des morts et qui, revenus, en transmettent l'expérience, Breton, fort de son expérience de la part obscure de l'homme, prodigue dans ses poèmes son enseignement. Ainsi relève-t-on de nombreuses et diverses formules comme, par exemple: « À ta place je me méfierai de [...] », « c'est une [...] », « J'adore ces [...] », « Il y a [...] », « Contre eux il faudrait [...] », « Plutôt la vie [...] que [...] », « Plus à portée [...] il est d'autres [...] », « Je prendrai garde [...] », « Plus que suspect », « Il n'est pas trop tôt qu'on commence [...] », « C'est qu'on croie pouvoir [...] alors qu'il suffit [...] pour que [...] ». Pour illustrer cette exigence de la grandeur d'âme du sublime, je m'attarderai aux passages où le ton est le plus exigeant, touche à la sommation et au blâme, à la mise en demeure adressée au lecteur.

Dans *Fata Morgana*, le poète, dans un premier passage, met en garde contre certains objets qui, au lieu d'ouvrir la voie de l'amour, l'obstruent, et nous donne la clé pour y remédier – on pourrait interpréter ce passage comme une attaque contre toute forme du passé qui inhibe:

> *Il y a de ces meubles embarrassants dont le véritable office est de cacher des issues*
> De l'autre côté qui sait la barque aimantée nous pourrions partir ensemble
> À la rencontre de l'arbre sous l'écorce duquel il est dit
> [...]
> *Il y a de ces meubles plus lourds que* s'ils étaient emplis de sable au fond de la mer
> *Contre eux il faudrait des mots-leviers*
> De ces mots échappés d'anciennes chansons qui vont au superbe paysage de grues[15]

Elle avertit du danger des illusions, des séductions faciles:

> Cependant cette suite de prestiges *je prendrai garde* comme une toile d'araignée étincelante

---

15. André Breton, *Fata Morgana*, dans *Œuvres complètes, op. cit.*, t. II, p. 1185-1186. C'est moi qui souligne.

> *Qu'elle* ne s'accroche à mon chapeau
> *Tout ce qui vient à souhait est à double face et fallacieux*[16]

Ailleurs, elle explique sa propre nature qui est de guider l'homme « dans la nuit du sens » et blâme les gens qui ne saisissent pas l'occasion de l'entendre:

> Plus à portée de l'homme *il est d'autres coïncidences*
> Véritables fanaux dans la nuit du sens
> [...]
> *Mais les gens sont si bien en train de se noyer*
> *Que ne leur demandez pas de saisir la perche*[17]

« Plus que suspect » est un petit poème écrit en 1943 et qui met en garde contre « une grave maladie » qui frappe les chênes, allégorie de l'esprit de guerre qui envahit les âmes:

> Les chênes sont atteints d'une grave maladie
> Ils sèchent après avoir laissé échapper
> Dans une lumière de purin au soleil couchant
> Toute une cohue de têtes de généraux[18]

Toute l'*Ode à Charles Fourier* se lit aussi comme une critique indirecte de la société moderne qui, en maintenant l'anathème sur les passions les plus élevées de l'homme, ne pourra tirer les leçons de la seconde guerre mondiale: le poème en son entier se donne ainsi, par la voie de la célébration, comme une mise en garde contre ceux qui ne s'écartent pas des chemins marqués par les passions basses. Le poète, en regardant la société de son temps proclame: « *Indigence fourberie oppression carnage* ce sont toujours les mêmes maux dont tu [Charles Fourier] as marqué la civilisation au fer rouge »[19].

Ailleurs, dans un poème à l'allure de traité de poésie, « Sur la route de San Romano », Breton déclare que tous les actes humains ne se valent pas, instaurant une ségrégation entre les préoccupations de la poésie et celles de la vie de tous les jours:

---

16. *Ibid.*, p. 1194. Etienne-Alain Hubert souligne cette mise en garde dans son avertissement au poème: « Mais qu'on ne s'y trompe pas: le grand lyrisme du Devenir ne se réduit pas à un hymne au progrès, que celui-ci soit matériel ou social; le texte dénonce expressément le caractère 'fallacieux' des 'prestiges' qui fait luire le monde moderne. » (*Notes* sur *Fata Morgana*, *ibid.*, p. 1790). C'est moi qui souligne.
17. *Ibid.*, p. 1188. C'est moi qui souligne.
18. André Breton, « Plus que suspect », *ibid.*, t. III, p. 21.
19. André Breton, *Ode à Charles Fourier*, *ibid.*, t. III, p. 355, Breton cite en italique quatre des neuf fléaux radicaux donnés par Charles Fourier.

L'acte d'amour et l'acte de poésie
Sont incompatibles
Avec la lecture du journal à haute voix[20]

Dans le poème en prose « Personnages dans la nuit guidés par les traces phosphorescentes des escargots », Breton épingle ceux qui n'apprécient pas l'aide de tels guides: « Rares sont ceux qui ont éprouvé le besoin d'une aide semblable en plein jour [...] Je dis que les autres [ceux dont on vient de parler], qui se flattent d'avoir les yeux grands ouverts, sont à leur insu perdus dans un bois »[21].

Ainsi s'établit tout un réseau argumentatif en faveur de la voix surréaliste par lequel le lecteur est constamment interpellé. Cet enseignement promulgué pour voir l'invisible, et dont je n'ai présenté que les traits essentiels, pose une échelle des valeurs et appelle à la vigilance de maintenir la sensibilité aux mystères de la vie.

2. L'émulation

L'émulation peut être considérée comme une passion, celle d'égaler ou de surpasser quelqu'un dans un domaine d'activité. À la base, il y a entre celui qui inspire et celui qui est inspiré une affinité commune, une passion que l'on partage. Dans le cas du sublime, cette communion relève des choses de la grandeur. Le Pseudo-Longin mentionne les vertus de l'émulation:

> Nous aussi, quand nous mettons notre effort à un ouvrage qui exige grandeur d'expression et élévation de pensée, n'est-il pas bon que nous nous représentions dans nos âmes ceci: « Comment, le cas échéant, Homère eût-il dit la même chose? Comment Platon ou Démosthène l'auraient-ils élevée jusqu'aux cimes, ou, dans l'Histoire, Thucydide? » Car s'avançant à notre rencontre pour provoquer notre émulation ces fameuses figures, pour ainsi dire apparaissent à notre vue, élèveront nos âmes vers les normes dont nous nous représentons l'image[22].

Ce qui est imité, n'est pas une forme stylistique, mais une attitude, un caractère: « L'imitation n'est pas un vol; mais c'est comme l'empreinte de beaux caractères, de belles œuvres d'art, ou d'objets bien ouvragés »[23].

---

20. André Breton, « Sur la route de San Romano », *Oubliés, ibid.*, p. 420.
21. André Breton, « Personnages dans la nuit guidés par les traces phosphorescentes des escargots », *Constellations*, dans *Signe ascendant, op. cit.*, p. 133.
22. Longin, *Du sublime, op. cit.*, XIV. 1.
23. *Ibid.*, XIII, 4.

On retrouve les mêmes exigences relatives à l'émulation formulées dans l'*Art poétique* de Breton et Schuster:

> Je n'ai pas imité ceux qui acquiescent aux désirs du grand nombre ou des puissants. J'ai tiré de moi ma règle, mon principe et mon goût, et j'ai outré leur différence, me rapprochant en cela des grands poètes et, par eux, de tous les hommes[24]

> Ce qui importe c'est l'attention portée à l'être. Elle permet au poète surréaliste de rejoindre les grands poètes. Comme chez le Pseudo-Longin, l'imitation chez les surréalistes porte sur une attitude à l'égard de la vie, et non sur l'imitation d'une œuvre.

> C'est dans ce sens qu'il faut saisir le rôle des dieux, des êtres surnaturels et des personnalités qui apparaissent dans la poésie de Breton. Ils montrent tous des affinités que Breton partage avec eux: le désir de la liberté et de l'amour, mais aussi, l'exaspération sans limites de la passion de l'absolu et sans considérations sur les moyens déployés pour y parvenir.

On comprend que Breton n'ait guère eu d'affinités avec la culture grecque et romaine, fondée sur une esthétique de l'harmonie des formes. Son aversion était à tel point forte qu'il a toujours évité de s'y rendre. Même si dans un poème il déclare « Que c'est beau le monde / La Grèce n'a jamais existé »[25], il n'en reste pas moins vrai qu'un certain nombre de dieux apparaissent dans ses poèmes, et que leur symbolique est en étroite relation avec ses préoccupations. Ainsi trouve-t-on durant ses poèmes de jeunesse Adonis, le dieu du mystère de la végétation, Apollon[26], dieu de la musique et de la poésie, la déesse romaine Junon[27], sans équivalent exact dans l'Olympe, symbole de la fécondité, protectrice des femmes mariées et des enfants légitimes, et les Gorgones[28], symboles terrifiants de

---

24. André Breton et Jean Schuster, *Art poétique, op. cit.,* aphorisme n° 6.
25. André Breton, « Rano Raraku », *Xénophiles, Œuvres complètes, op. cit.,* t. III, p. 416.
26. Apollon et Adonis apparaissent dans le quatrième rêve dans *Clair de terre, ibid.,* t. I, p. 152.
27. La déesse Junon apparaît dans « Légion étrangère », *ibid.,* p. 184.
28. Le terme « Gorgone » apparaît dans le poème « Angélus de l'amour », *ibid.,* p. 173, celui de « méduse » dans « Il n'y a pas à sortir de là », *ibid.,* p. 170, dans « Sur la route qui monte et descend », *Le Revolver à cheveux blancs, ibid.,* t. II, p. 69, dans « Le puits enchanté », *ibid.,* p. 1241, et, enfin, dans *Pleine Marge, ibid.,* p. 1180. Ces noms appartiennent également à un réseau sémantique de la zoologie.

l'être défiguré par les pulsions. Sous ces figures, les qualités essentielles de la voix automatique sont ainsi réunis: amour de la nature, de la femme, dépersonnalisation par la voix automatique et qualités musicales de cette dernière.

Tel qu'il sera développé dans *Arcane 17* (1944), le mythe d'Isis et d'Osiris, qui dit l'espoir qui subsiste dans le chaos originel, lieu de la dissociation, grâce à la présence amoureuse d'Isis susceptible de rassembler les éléments éparpillés, apparaît déjà chez Breton dans la fable philosophique *Au lavoir noir* (1936)[29]. Autour d'une chaîne associative très dense, reliant le papillon nocturne, sphinx tête-de-mort, à la fois à Iô, la jeune fille-aux-cornes-de-vaches de la tragédie *Prométhée enchaîné* d'Eschyle, qui est aussi un papillon du jour, *vanessa Io*, nommé le paon-du-jour, et, à la fois, au garde d'Iô, le dieu aux multiples yeux, Argus, qui lui aussi est un papillon marqué par de nombreuses ocelles, Breton d'une manière délicate et poétique évoque dans ce texte la légèreté de l'âme en ses rapports avec la substance et la multiplication évanescente des consciences. Or dans cette dissociation de la personnalité en de multiples figures, la jeune prêtresse Iô préfigure déjà ce que son destin lui réserve, sa métamorphose en Isis, la déesse de tous les dieux, Mère universelle, dont le rayonnement, partant d'Égypte, a su s'étendre jusqu'en Grèce et à Rome. Breton rappelle par cette fable philosophique du regard dans l'obscurité (Ô la voir noire) que le morcellement de la conscience que réalise le chant automatique s'insère dans le mythe d'Osiris et d'Isis, qui est l'un des mythes les plus ouverts de l'histoire des religions et dans lequel se joue le destin des forces convulsives de la disjonction et de la conjonction.[30]

Enfin, il faut encore mentionner la double apparition de Vénus, qui symbolise la volupté, l'apparition du Dieu Amour et de Psyché, celle d'Obéron, roi des elfes, et celle d'Ogmius, dieu gaulois et irlandais de la guerre et de la parole. Ils introduisent d'autres qualités de la voix automatique: le plaisir amoureux, l'exigence du

---

29. André Breton, *Au lavoir noir, ibid.*, p. 667-672.
30. Sur ce texte peu commenté, on consultera Jacqueline Chénieux-Gendron, *Le Surréalisme et le roman, 1922-1950*, Lausanne, L'Âge d'homme, 1983, p. 172-177 et Ulricht Vogt, « *Au Lavoir noir* ou Du mythique dans le texte surréaliste », *L'Objet au défi*, études réunies par Jacqueline Chénieux-Gendron et Marie-Claire Dumas, Paris, Presses Universitaires de France, coll. « Ecritures & Arts contemporains », 1987, p. 21-37.

territoire de l'amour, le merveilleux et la parole magique, en tant que force et liant.

Vénus apparaît évidemment dans des poèmes où domine l'amour, l'amour porté à deux femmes qui ont inspiré à Breton ses plus belles œuvres. C'est le cas de *L'Air de l'eau*, célébration de Jacqueline Lamba, et de *La moindre rançon*, éloge du pays d'Elisa, la dernière épouse de Breton, inspiratrice d'*Arcane 17*. Ces passages marquent un moment merveilleux, l'ouverture de l'être au cosmos:

> Quand tu marches le cuivre de Vénus
> Innerve la feuille glissante et sans bords
> Ta grande aile liquide
> Bat dans le chant des vitriers[31]

> Chili des neiges
> Comme le drap qu'une belle rejette en se levant

> Dans un éclair le temps de découvrir
> De toute éternité ce qui me prédestine à toi

> Chili
> De la lune en septième maison dans mon thème astral

> Je vois la Vénus du Sud
> Naissant non plus de l'écume de la mer
> Mais d'un flot d'azurite à Chuquicamata[32]

Avec l'apparition d'Obéron dans « Le réveil au petit jour » du recueil *Constellations*, la voix automatique évoque pour la deuxième fois la chanson de geste *Huon*, dans laquelle le chevalier du même nom, qui a tué sans le connaître le fils de l'empereur, doit se soumettre à de rudes épreuves et obtenir le pardon et la main de la fille de l'émir de Babylone, Esclarmonde[33]. Le roi des Elfes le secondera dans son périple. Breton rappelle sur le ton propre aux contes, que

---

31. André Breton, *L'Air de l'eau*, dans *Œuvres complètes, op. cit.*, t. II, p. 404.
32. André Breton, « La moindre rançon », dans *Xénophiles, ibid.*, t. III, p. 414.
33. La première mention d'Esclarmonde se trouve dans *Les États généraux* où Breton développe le lien nécessaire entre la poésie, l'amour, la femme et la fermeté de l'âme: « Une fois pour toutes la poésie doit resurgir des ruines / Dans les atours et la gloire d'Esclarmonde / Et revendiquer bien haut la part d'Esclarmonde / Car il ne peut y avoir de paix pour l'âme d'Esclarmonde / Dans nos cœurs et meurent les mots qui ne sont de bons rivets au sabot du cheval d'Esclarmonde / Devant le précipice où l'edelweiss garde le souffle d'Esclarmonde / La vision nocturne a été quelque chose il s'agit / Maintenant de l'étendre du physique au moral / Où son empire sera sans limites » dans *Œuvres complètes, op. cit.*, t. III, p. 31.

l'amour ne s'enlève et ne se savoure qu'au prix de sacrifices. On sera attentif dans la citation suivante au passage où des objets et des actions appartenant à des séries paradigmatiques différentes se trouvent syntaxiquement articulés sur le même plan narratif, harmonie de la disjonction:

> *En contrepoint, dans le murmure qui s'amplifie s'essore une barcarolle dont jaillit tintinnabulant notre grand ami Obéron, qui règne sur le cresson de fontaine.* Chut! Sans plus bouger il nous convie à entendre le beau Huon frapper à la fois aux Cent Portes. *En effet le cor magique brame en chandelier dans le lointain.* Le sang coulera mais il ne sera pas dit que le Chevalier manque à nous rapporter les quatre molaires et les moustaches au prix desquelles est Esclarmonde et s'accomplit le sacrifice quotidien[34].

Comme le dieu Toth et l'alchimiste légendaire Hermès Trismégiste, le dieu Ogmius (ou Ogmios) est avant tout le dieu de la parole magique. Dans la citation ci-dessous, l'auteur grec, Lucien de Samosate, brosse un portrait détaillé de cette divinité et l'on sera sensible à la ressemblance de cette description avec celle que donne Platon dans son *Ion* à propos du pouvoir liant de la parole du poète possédé:

> Dans leur langue maternelle, les Celtes appellent Héraklès Ogmios et ils le représentent sous une forme singulière. C'est un vieillard [...], il porte suspendue la peau de lion et il tient dans sa main droite la massue; le carquois est fixé à ses épaules, la main gauche présente un arc tendu [...]. Cet Héraklès vieillard attire un grand nombre d'hommes attachés par les oreilles et ayant pour liens des chaînettes d'or et d'ambre qui ressemblent à de très beaux colliers. En dépit de leurs faibles liens, ils n'essayent pas de fuir, bien que cela leur soit facile; loin de résister, de se raidir et de se renverser en arrière, ils suivent tous, gais et contents leur conducteur, le couvrant de louanges, cherchant tous à l'atteindre et, en voulant le devancer, desserrent la corde comme s'ils étaient étonnés de se voir délivrés[35].

Ces chaînes, qui relient les oreilles de ces hommes à la langue du dieu, symbolisent le pouvoir attractif unifiant de la parole, et Breton, dans le poème en prose «Chiffres et constellations amoureux d'une femme» du recueil *Constellations*, évoque ce pouvoir

---

34. André Breton, «Le réveil au petit jour», *Constellations*, dans *Signe ascendant*, *op. cit.*, p. 155. C'est moi qui souligne.
35. *Encyclopaedia Universalis*, «Thesaurus-index», vol. II, entrée «Ogmios», *op. cit.*

par le biais d'une description qui l'associe aux cieux et à l'abstraction, expression de la beauté originelle:

> La tête d'Ogmius coiffée du sanglier sonne toujours aussi clair par l'ondée d'orage: à jamais elle nous offre un visage frappé du même coin que les cieux. Au centre, la beauté originelle, balbutiante de voyelles, servie d'un suprême doigté par les nombres[36].

Enfin, il reste à mentionner que Breton fait revivre l'épisode d'Amour et de Psyché dans le poème en prose « Le 13 l'échelle a frôlé le firmament ».

On l'aura vu, les grands mythes qui intéressent Breton (l'amour, la voix de la possession) sont évoqués dans sa poésie, non pas décrits ou racontés comme on transmet un savoir, mais reversé dans l'instant événementiel du flot de la parole automatique. Comme le souligne Suzanne Lamy à propos du mode d'insertion du mythe dans *Arcane 17*, « Si le caractère linéaire et définitif du mythe a été perdu, sa qualité proprement magique s'en trouve accrue. Tout est encore en gestation. À achever, à accomplir »[37].

En ce qui concerne la mention de personnages réels ou fictifs, il est remarquable de constater que les noms de personnages ayant existé dominent; les personnages de fiction y sont en effet rares. La poésie de Breton tente avant tout d'inclure le réel dans son mouvement, sa préoccupation est l'emprise sur le réel, et non, comme c'est davantage le cas chez Julien Gracq, par exemple, l'évocation des domaines de la fiction. Cette même préférence, on la retrouve par ailleurs dans le travail sur le cliché, qui chez celui-là porte sur les formules figées de la vie courante, chez celui-ci, sur les expressions d'origine littéraire. En évoquant des personnages réels dans sa poésie, Breton s'insère donc davantage dans la lignée de la poésie épique, d'un Dante ou d'un Hugo par exemple.

L'utilisation de noms propres de personnages commence d'une manière peu discrète avec le recueil *Clair de terre*, dont vingt-cinq poèmes sur trente et un sont dédicacés; ensuite, ils apparaissent fréquemment dans le corps même des poèmes à partir des années quarante, période où Breton cherche de plus en plus de filiations

---

36. André Breton, « Chiffres et constellations amoureux d'une femme », *Constellations, Signe ascendant, op. cit.,* p. 165. Breton coiffe Ogmius non pas d'une peau de lion mais de celle d'un sanglier.
37. Suzanne Lamy, *André Breton, Hermétisme et poésie dans* Arcane 17, Montréal, Les Presses de l'Université de Montréal, 1977, p. 114.

de sa théorie dans le savoir humain (mythe, philosophie, et dans une moindre mesure, sciences). C'est, rappelons-le, dans les grands poèmes comme *Pleine Marge, Fata Morgana, Les États généraux* et *Ode à Charles Fourier* que l'on retrouve le plus d'allusions à des personnages connus ou moins connus. Cet état de fait n'étonne guère puisqu'il s'agit de poèmes où la part consciente de l'élaboration est très active. La poésie de Breton devient le lieu où la mémoire de l'humanité se trouve réanimée par les passions.

Le recueil *Clair de terre* (1923) a été rédigé sous le signe ambivalent de la dépression: le groupe dada est en pleine crise, les découvertes de la pratique automatique ravissent, certes, mais bouleversent. Breton, qui est à la veille de fonder le groupe surréalsite, dédicace la plupart des poèmes à ses amies et amis[38]. Le dénominateur commun qui les réunit est une sensibilité hors du commun portée au hasard et aux messages de l'inconscient dans le geste artistique.

Les personnages qui apparaissent dans les poèmes ultérieurs sont des artistes, des philosophes comme des théologiens, des scientifiques et des hommes politiques ainsi que des êtres au destin exceptionnel. La plupart ont en commun la passion, la possession, l'éréthisme de leur pensée ou de leurs actes, la quête de l'absolu et de l'extase. Chacun à sa manière participe à la longue chaîne des êtres possédés par une force qui les dépasse et qui ont fait progresser la connaissance de l'être humain. Breton regrette le peu de place qui est donnée par la société aux

> …grands aventuriers de l'esprit, de ceux qui ont pris l'homme à bras le corps, l'ont sommé de se connaître en profondeur ou l'ont mis en demeure de justifier de ses prétendus idéaux – ils se nomment Paracelse, Rousseau, Sade, Lautréamont, Freud, ils se nomment Marat, Saint-Just… la liste de ce côté serait longue[39].

---

38. Il s'agit de l'épouse de Breton, Simone Kahn, de ses ami(e)s Gala Eluard, Théophile Fraenkel, Denise et de Janine Kahn, respectivement cousine et sœur de Simone, des peintres Georges de Chirico, Max Ernst, Francis Picabia, Pablo Picasso, Marcel Duchamp (sous son pseudonyme «Rrose Sélavy»)», des poètes, écrivains ou artistes Benjamin Péret, Ungaretti, Paul Eluard, Robert Desnos, Louis Aragon, Roger Vitrac, Man Ray, George Limbour, Max Morise, Joseph Delteil, Marcel Noll, Louis de Gonzague Frick, Raymond Roussel et de Pierre Reverdy.
39. André Breton, *Arcane 17, Œuvres complètes, op. cit.*, t. III, p. 54.

Dans *Fata Morgana* (1940) sont évoqués les événements insolites et tragiques qui ont eu lieu sous le règne du roi Charles VI, le fou[40]. Le poème « Le brise-lames » (1943), datant du passage de Breton à Fort-de-France, évoque la figure d'une femme éduquée sous les mœurs libres des pays tropicaux, Joséphine de Beauharnais, impératrice des Français, née en Martinique: « la statue bleutée de Joséphine de Beauharnais, perdue entre les hauts fûts de cocotiers, place la ville sous un signe féminin et tendre »[41]. L'*Ode à Charles Fourier* évoque les figures de la luxuriance, Crésus et Lucullus, telles qu'elles ont été appréhendées par Charles Fourier, qui les oppose, dans sa vision de la société, à la figure des éternels esclaves, symbolisée par Spartacus. Cette évocation du « pays de Cocagne » se fait dans un contexte qui dénonce l'incapacité de la société de s'aiguiller sur le chemin du bonheur:

> Et pourtant quelle erreur d'aiguillage a pu être commise rien n'annonce le règne de l'*harmonie*
> Non seulement Crésus et Lucullus
> Que tu appelais à rivaliser *aux sous-groupes des tentes de la renoncule*
> Ont toujours contre eux Spartacus
> Mais en regardant d'arrière en avant on a l'impression que les *parcours de bonheur* sont de plus en plus clairsemés[42]

Louis Charles Delescluze, surnommé « Barre de fer » pour son autorité morale inébranlable, apparaît dans *Les États généraux*. Ce journaliste et homme politique, dont la probité était proverbiale, a choisi de mourir sur les barricades du Château-d'Eau, le 25 mai 1871, après de longues années de combats pour la République et Breton rend hommage à cette forte personnalité qui se battait pour la liberé en bravant la souffrance et la mort:

> À cet embranchement
> Ce que j'ai connu de plus beau c'est le vertige
> Et chaque 25 mai en fin d'après-midi le vieux Delescluze
> Au masque auguste descend vers le Château-d'Eau
> *On dirait qu'on bat des cartes de miroir dans l'ombre*[43]

---

40. Pour de plus amples détails on se reportera aux notes 1 à 10 de la page 1796 dans *Notice* de *Fata Morgana, ibid.,* t. II.
41. André Breton, « Brise-lames », *Des épingles tremblantes, ibid.,* t. III, p. 380.
42. André Breton, *Ode à Charles Fourier, ibid.*, p. 355.
43. André Breton, *Les États généraux, ibid.*, p. 28. C'est Breton qui souligne.

Dans le poème *Pleine Marge* Breton mentionne en guise de profession de foi un ensemble de figures qui ont en commun d'être en marge de la société. Le poème se termine sur le ton de l'éloge, par le portrait mi-réfléchi, mi-automatique de quelques savants et personnages au destin extraordinaire, tous évoqués en notice des *Œuvres complètes*. J'y choisis, en guise d'exemple, quelques figures. On y trouve Pélage (370?-440), moine et théologien, originaire de Bretagne ou d'Irlande, qui était parfois considéré comme un ancien druide. Il était opposé au péché originel et exaltait la liberté, la dignité et la responsabilité humaine, ce qui lui a valu des accusations d'hérésie. Joachim de Flore (1130 ou 1145-1202, Calabre) était un abbé cistercien et théologien mystique, figure de ralliement de tous les affamés d'idéal et de justice. L'enseignement à Paris et à Strasbourg de Maître Eckhardt, théologien mystique (1260?-1327?), fut rejeté par la hiérarchie catholique, car sa pensée fut déclarée hérétique: « au-delà de la connaissance sensible et de la connaissance rationnelle, [il] exalte une mystérieuse troisième voie seule capable d'atteindre la vérité »[44]. Il considérait en effet que la raison n'est qu'une étape, contrairement à Descartes qui y verra l'aboutissement de l'homme. Avec le diacre janséniste François de Pâris (1690-1727) et la naissance des convulsionnaires ainsi qu'avec les Frères Bonjour, prêtres de la paroisse des Fareins, initiateurs de la secte de fareinisme réputée pour ses flagellations et crucifiements (deux femmes furent crucifiées), Breton évoque sa fascination pour les passions violentes. Dans le même sens on y trouve l'histoire d'amour déchirante entre Catherine Cadière (Toulon début 18e), très belle femme à la piété exaltée, et son confesseur, le jésuite Girard, qui fut par sa pénitente accusé de séduction, de magie et de sorcellerie. Enfin, mentionnons l'évocation anachronique qui relie dans le temps subjectif de l'imagination Maître Eckhardt, Hegel et Novalis en des termes élogieux:

> Maître Eckhardt mon maître dans l'auberge de la raison
> Où Hegel dit à Novalis Avec lui nous avons tout ce qu'il nous faut et ils partent
> Avec eux et le vent j'ai tout ce qu'il me faut[45]

---

44. Notes de *Pleine Marge, ibid.,* t. II, p. 1784, note n° 2 de la page 1182.
45. André Breton, *Pleine Marge, ibid.,* t. II, p. 1182.

Du côté des écrivains, mentionnons l'évocation de Charles Baudelaire, d'Arthur Rimbaud, de Gérard de Nerval, d'Isidore Ducasse et du poète romantique excentrique Xavier Forneret (1809-1884).

Baudelaire apparaît dans le premier des cinq rêves de *Clair de terre*[46], et surtout dans un poème « Porteuse sans fardeau » du recueil *Des épingles tremblantes* (1941), datant du passage de Breton en Martinique durant la deuxième guerre mondiale. Ce poème est un éloge des femmes indigènes qui portent le fardeau sur leur tête avec tant de grâce qu'il semble au poète que ce fardeau ne pèse rien. Leur apparition rappelle au poète deux vers de Baudelaire qui évoquent le *charme* des femmes capables de se mouvoir comme si elles dansaient. Allégeant de leur pas le poids de la condition humaine, ces porteuses de l'aérien deviennent sous les yeux du poète des esprits de bon augure, l'élan vers un monde fondé sur l'analogie :

> Comme un esprit qui reviendrait à intervalles réguliers tant leur maintien est le même et n'appartient qu'à elles et tant elles semblent portées par le même rythme, des jeunes filles de couleur passent souvent seules et chacune est la seule à qui Baudelaire semble avoir pensé tant l'idée qu'il en donne est irremplaçable :
> *Avec ses vêtements ondoyants et nacrés,*
> *Même quand elle marche on croirait qu'elle danse…*
> De quelle nuit sans âge et sans poids cette messagère muette dont, au défi de toutes les cariatides la cheville et le col lancent plutôt qu'elles ne soutiennent la construction totémique qui dans l'invisible se confond – en vue de quel triomphe ? – avec le rêve d'un monument aux lois de l'imprégnation ?[47]

Le dernier poème du *Revolver à cheveux blancs*, « Le Grand secours meurtrier » est un hommage à Lautréamont à partir de la pratique religieuse des convulsionnaires de Saint-Médard[48], auxquels fait

---

46. « Aux murs de l'escalier je remarque un certain nombre de reliefs bizarres, que je suis amené à examiner de près, mon guide ne m'adressant pas la parole. / Il s'agit de moulages en plâtre, plus exactement : de moulages de moustaches considérablement grossies. / Voici, entre autres, les moustaches de Baudelaire, de Germain Nouveau et de Barbey d'Aurevilly. », *cf.* André Breton, « Cinq rêves », dans *Clair de terre, ibid.*, t. I, p. 149.

47. « Porteuse sans fardeau », *Des épingles tremblantes, ibid.*, t. III, p. 384.

48. « Le grand secours meurtrier », *Le Revolver à cheveux blancs, ibid.*, t. II, p. 99. Rappelons que dans *Pleine Marge, ibid.*, t. II, p. 1182, Breton évoquera à nouveau les convulsionnaires appelés aussi les Fareinistes.

allusion le titre. Les rites « sado-masochistes » de ces convulsionnaires se déroulaient sur la tombe du diacre janséniste Pâris, en
1727. Marguerite Bonnet dans la notice à ce poème fournit les
informations suivantes sur les agissements de cette secte troublant
l'ordre public et religieux: « Dans le chapitre « Naissance des
convulsions à grands secours » [on] […] lit que les filles convulsionnaires 'demandent aux hommes des petits secours ou des grands
secours, suivant la dose du remède'. Ces 'secours' consistent en
coups de bâton, coups de poing, sévices divers pouvant aller jusqu'au crucifiement. Ils sont dits 'meurtriers' […] lorsqu'ils font
intervenir l'épée. Refuser les secours serait exposer les convulsionnaires à la mort. Ceux qui les administrent sont appelés 'secou-
ristes' ou 'convulsionnistes' »[49]. Breton dans ce poème dit à propos
de Lautréamont: « J'ai accès près de lui en qualité de convulsion-
naire », ce qui revient à dire que de la « cruauté efficace et salubre »
de Lautréamont il attend le grand secours meurtrier, non de la délivrance religieuse, mais de la délivrance des forces inhibitrices du
mental. En effet, Lautréamont est le « secouriste », celui qui ouvre
l'esprit au merveilleux, « le cygne de Montevideo dont les ailes sont
déployées et toujours prêtes à battre », celui qui « voit le grand
hexagone à entonnoir dans lequel se crisperont bientôt les machines
/ Que l'homme s'acharne à couvrir de pansements », qui « ravive
de sa bougie de radium les fonds du creuset humain », qui enfin
« préside aux cérémonies deux fois nocturnes qui ont pour but
soustraction faite du feu d'intervertir les cœurs de l'homme et de
l'oiseau »[50]. Lautréamont est celui qui stupéfie en donnant à l'âme
ses ailes, mais il lui manque une dimension, il n'embrase pas, –
« soustraction faite du feu ». Le plaisir dans la stupéfaction, c'est la
flamme passionnelle de Breton, qui embrase sa poésie.

Dans le poème en prose déjà cité dans ce chapitre, « Personnages
dans la nuit guidés par les traces phosphorescents des escargots »,
Breton montre clairement que les grands poètes possédés comme
Gérard de Nerval, Xavier Forneret et Arthur Rimbaud (la liste n'est

---

49. *cf.* André Breton, *Œuvres complètes, ibid.*, notes et variantes, p. 1346, commentaire du poème « Le Grand secours meurtrier » du recueil *Le Revolver à cheveux blancs*. Les citations sont tirées de l'ouvrage *Notion de l'œuvre des convulsions
et des secours à l'occasion du crucifiement public des Fareins*, sans date et sans nom
d'auteur, attribué au père Crêpe, dominicain, Lyon, 1788.
50. *Ibid.*, p. 99.

pas close) se sont laissés guider par les monstres sortis du monde de l'imaginaire; c'est dire le respect que doivent les hommes à l'imagination:

> Rares sont ceux qui ont éprouvé le besoin d'une aide semblable en plein jour, – ce plein jour où le commun des mortels a l'aimable prétention de voir clair. Ils s'appellent Gérard, Xavier, Arthur... ceux qui ont su qu'au regard de ce qui serait à atteindre les chemins tracés, si fiers de leurs poteaux indicateurs et ne laissant rien à désirer sous le rapport du bien tangible appui de pied, ne mènent strictement nulle part[51].

C'est affirmer que les grandes figures ne s'appuient pas sur les lois de la raison, mais bien sur celles de l'imaginaire.

3. La sélection

Le sublime n'admet pas les passions faibles, ni les figures qui s'affichent. Les critères qui déterminent le choix des poèmes retenus lors de la composition des anthologies (*Le Revolver à cheveux blancs* (1932), *Poèmes* (1948), *Clair de terre* (1966) et *Signe ascendant* (1968)) ou qui influencent le travail de correction sur les manuscrits des poèmes tiennent compte de ces exigences.

Les poèmes non sélectionnés relèvent surtout de *Clair de terre* (1923) et du *Revolver à cheveux blancs* (1932). Au-delà de cette date tous les poèmes et poèmes en prose – hormis «Au Lavoir noir», non repris dans *Poèmes*, et «Cartes postales» (1940) jamais repris – seront insérés dans les trois dernières anthologies. Publiée en 1932, l'anthologie *Le Revolver à cheveux blancs,* incluant parmi vingt-sept poèmes originaux des poèmes de *Mont de piété* (1919), des *Champs magnétiques* (1920) et de *Clair de terre* (1923), reprend quinze unités sur trente-trois du recueil *Clair de terre* (1923); l'anthologie intitulée *Poèmes*, sortis en 1943, garde treize poèmes du recueil *Clair de terre*, et dix-neuf poèmes sur les vingt-sept composant la part originale de l'anthologie *Le Revolver à cheveux blancs*. Publiée en 1966, l'anthologie *Clair de terre*, reprend, moins sévèrement, vingt-six unités des trente-trois poèmes du recueil *Clair de terre*, et vingt poèmes originaux du *Revolver à cheveux blancs*.

---

51. André Breton, «Personnages dans la nuit guidés par les traces phosphorescentes des escargots», *Constellations*, dans *Signe ascendant, op. cit.,* p. 133.

Je ne m'intéresserai ici qu'aux poèmes qui n'ont été repris dans aucune anthologie[52]. Les raisons que je propose pour le rejet de tel ou tel poème ne prétendent pas à l'exclusivité, d'autres motivations, qui n'ont rien avoir avec l'objet de mon étude, ont évidemment pu jouer.

Du recueil *Clair de terre* (1923) on constate que Breton n'a pas repris les deux « sonnets » (quoique non-rimés) « Le Madrépore » et « L'Herbage rouge »[53], ni le poème en strophes régulières (non-rimées) « Feux tournants »[54]. C'est que la voix automatique s'y manifeste sous la forme rigide de la tradition poétique, et non sous une forme libre; l'attention du lecteur est attirée davantage par le jeu sur la forme que par le souffle de la voix surréaliste[55]. Dans le même esprit, le poème « Tout va bien »[56] du *Revolver à cheveux blancs* est une énumération systématique d'énoncés d'une longueur en moyenne d'un vers illustrant le titre sur un ton imprégné par l'esprit de dérision. En cela il montre trop bien le procédé ludique qui le constitue. C'est le cas aussi des poèmes-collages composés dans un pur esprit dadaïste tels que « L'Angle de mire » et « Confort moderne »[57] qui n'apparaissent que dans *Le Revolver à cheveux blancs*.

------

52. Certains poèmes parfois sont repris, parfois non. C'est le cas pour les récits et poèmes du recueil *Clair de terre* : « Cinq rêves » et « Ma mort par Robert Desnos » qui n'apparaissent que dans l'anthologie *Clair de terre* (1966); c'est le cas encore pour « Dans la vallée du monde », « Mille et mille fois », « Ligne brisée » et « Le soleil en laisse » absents dans *Poèmes* (1948) et enfin, pour « Tournesol » qui n'a pas été retenu dans *Le Revolver à cheveux blancs* (1932). En fait le choix le plus sévère a prévalu pour la composition de l'anthologie *Poèmes*, dans laquelle beaucoup de poèmes des recueils *Clair de terre* et *Le Revolver à cheveux blancs* n'ont pas été retenus: il est tout à fait fondé d'être en accord avec Gérard Legrand qui, à propos de cet « écrémage », note « qu'il est permis de [le] juger trop sévère », (dans *Breton,* Paris, Les Dossiers Belfond, 1977, p. 144).
53. André Breton, *Clair de terre*, dans *Œuvres complètes, op. cit.,* t. I, p. 163 et 171. Le ton, par ailleurs, rappelle celui des poèmes de Mallarmé.
54. *Ibid.*, p. 178.
55. Certains poèmes où le jeu formel domine ont été conservés, c'est le cas de « Pièce fausse » et « PSTT ». Le caractère parodique et expérimental de ces poèmes a dû être un facteur décisif dans ce choix, d'autant plus que « PSTT », extrait d'une page de l'annuaire téléphonique sous l'entrée « Breton », symbolise l'éclatement de la personnalité, et que dans « Pièce fausse » apparaît le mot « Aube », qui sera le prénom de la fille de Breton et de Jacqueline Lamba.
56. André Breton, *Œuvres complètes, op. cit.,* t. II, p. 84.
57. *Ibid.*, p. 59 et p. 59 à 62.

Au niveau sémantique, on note que la plupart des poèmes non repris et issus de *Clair de terre* et *Le Revolver à cheveux blancs*[58] comportent des énoncés en désaccord avec les motifs essentiels de la poésie de Breton. Ainsi dans « Le Volubilis et je sais l'hypoténuse »[59] dont Breton n'a repris que la dernière section (n° VIII), on lit les rares énoncés négatifs de toute sa poésie à propos des femmes et de l'amour « Loin des femmes de courses et des femmes de traits[60] », ainsi que « L'amour est un signal qui n'a pas fonctionné » (n° VI, p. 167), ou alors, des énoncés dont l'éclat sublime n'est guère perceptible par le fait que le trivial prend le dessus, ainsi le vers « Les soigneurs disent aux soignées » (n° VII, p. 167). En ce qui concerne « Angélus de l'amour », c'est probablement un poème trop évident, trop proche du prévisible, trop bien construit. Dans le poème « Légion étrangère »[61], la part faite à l'éternité et aux dieux (Dieu et Junon) est probablement trop grande pour le poète de l'événement intime, et sa figure ne sort guère grandie en acceptant de se situer par rapport à l'éternité : « En tant que personnage de la revue éternelle / Mes sabots de feu ne font pas grand bruit / Sur le parquet céleste », c'est admettre que le feu sublime pourrait avoir des limites. Dans le poème « Météore »[62] il semble que c'est encore la figure du poète qui pose problème. Sa parole n'est pas sûre, et il fuit : « Je promets et ne suis capable de tenir […] Misérable je fuis sur un quai parmi les caisses ». Les traces de doute, de faiblesse, de lamentations et de sentiments de culpabilité ainsi que de froideur sont des motifs à mon avis déterminants, qui ont prévalu à la mise à l'écart des poèmes provenant du *Revolver à cheveux blancs* comme « Camp volant », « Carte d'électeur », « Allotropie », « C'est moi ouvrez » et « Le trottoir de pelure d'orange » qui sont par ailleurs les seuls poèmes du recueil à susciter lors de la lecture davantage la

---

58. Rappelons que l'anthologie *Le Revolver à cheveux blancs* contient aussi des poèmes originaux. Dans les anthologies ultérieures, ces poèmes sont regroupés sous le titre *Le Revolver à cheveux blancs*. Quand je mentionne cette anthologie, je réfère donc à ces poèmes.
59. André Breton, *Clair de terre*, dans *Œuvres complètes, op. cit.*, t. I, p. 164 à 168.
60. *Ibid.*, p. 166, la permutation entre « cheval » et « femme » repose sur un mouvement qui passe du mélioratif au péjoratif : « chevaux » de course à « chevaux » de traits. Ailleurs, dans *Poisson soluble* on lit : « Il y a aussi le plant de vigne américain et cette femme était un plant de vigne américain », texte n° 1, *ibid.*, p. 351.
61. André Breton, *Clair de terre*, dans *Œuvres complètes, op. cit.*, t. I, p. 184.
62. *Ibid.*, p. 185.

stupéfaction que l'émerveillement. «Camp volant» développe le motif du Jugement dernier: le poète avoue explicitement sa déchéance, par deux fois, il répète «J'étais condamné depuis longtemps [...] J'ai déjà dit que j'étais condamné». Le poème qui suit, «Non-lieu», et qui a été conservé dans les anthologies, peut être considéré comme une suite logique du poème «Camp volant». Le poète bénéficie d'un non-lieu, et, du coup, libéré des «menottes» et du «pont» jeté par «le Jugement», le regard s'ouvre, le ton devient enthousiaste et le poète pénètre dans l'abîme:

> *Je vois l'ibis aux belles manières* [...]
> *Je suis à la fenêtre très loin dans une cité pleine d'épouvante*
> Dehors des hommes à chapeau claque se suivent à intervalle régulier
> Pareils aux pluies que j'aimais
> Alors qu'il faisait si beau
> *«A la rage de Dieu» est le nom d'un cabaret où je suis entré hier* [...]
> Il est écrit sur la devanture blanche en lettres plus pâles
> Mais *les femmes-marins* qui glissent derrière les vitres
> *Sont trop heureuses pour être peureuses*
> Jamais le ciel toujours le silence
> Jamais la liberté que pour la liberté[63]

L'on comprend aisément que ce poème est dans la lignée du sublime, et que le précédent s'en écarte, et que Breton, soucieux de montrer la force de la voix surréaliste ne garde que le dernier.

Dans un autre poème écarté, intitulé «Carte d'électeur»[64], le poète se lamente dès le premier vers: «J'aimerais n'avoir jamais commencé / Et m'enquérir de la vie». Et toute la suite du poème, à partir de cette hypothèse exprimant un regret, énumère le monde comme il *aurait pu être*. Il va de soi que pour le poète du texte augural «Il y aura une fois»[65], ce poème n'est pas à la hauteur de ses exigences. Dans «Allotropie»[66], même s'il est annulé, le sentiment de culpabilité revient à la charge – et celui-ci n'est certainement pas étranger à l'instabilité émotive et politique que Breton vit au début des années trente: «Je suis le principal coupable / En même temps

63. André Breton, «Camp volant» et «Non-lieu» dans *Le Revolver à cheveux blancs*, *ibid.*, t. II, p. 64-67.
64. *Ibid.*, p. 72.
65. André Breton, «Il y aura une fois», *ibid.*, t. II., p. 49 à 54.
66. *Ibid.*, p. 73-74.

que le principal innocent». Par ailleurs, la sermocination, dialogue du poète avec lui-même, sur laquelle le poème s'articule, est sous-tendue par les motifs de la difficulté, du brouillard et de l'aveuglement.

Avec le rejet des poèmes «C'est moi ouvrez» et «Le trottoir de pelure d'orange», poèmes où le ton de la froideur prend nettement le dessus, ainsi que du poème «Après le grand tamanoir» à l'incipit maladroit où l'aspect formel distrait l'attention du lecteur[67], il ne reste des poèmes principaux du *Revolver à cheveux blancs* que ceux qui expriment soit le désespoir et l'exécration («Le verbe être», «La forêt dans la hache»), l'attente («Dernière levée») et l'éloge («Le grand secours meurtrier») ou alors la merveille sous toutes ses formes. Se trouvent donc réunis tous les poèmes où les figures de la répétition lyrique sont les plus manifestes. Par la sélection, Breton a mis en valeur tous les poèmes qui possèdent en eux un ton sublime.

Il reste à mentionner que les poèmes retenus du recueil *Le Revolver à cheveux blancs* (y compris l'introduction «Il y aura une fois») pour figurer dans l'anthologie *Clair de terre* sont au nombre de vingt, et que ce nombre est proche des vingt-deux arcanes du Tarot de Marseille, dont on sait que l'ordonnancement suit celui d'une initiation alchimique. Il existe des équivalences thématiques entre certains poèmes, leur place et l'arcane au numéro correspondant. Par exemple, l'incipit du seizième poème, «Vigilance»[68], «À Paris la tour Saint-Jacques chancelante / Pareille à un tournesol», fait penser à la tour chancelante de l'arcane 16, «La maison-dieu»; le poème précédent, occupant la quinzième place, qui s'intitule «Le sphinx vertébral» et développe, entre autres, la figure démoniaque d'un loup: «Il vient c'est le loup aux dents de verre [...] Ses griffes de jade dans lesquelles il se mire en volant / Son poil de la couleur

---

67. *Ibid.* p. 80 à 83. L'incipit du poème «Après le grand tamanoir» se construit sur une syllepse et la voix en est consciente: «Des bas de femmes *tamisent* la lumière de *Londres* / Les quais sont des gares noires de monde mais blanches de générations disparues / *Et quand je dis Londres c'est pour la forme du poème.*» (p. 82) C'est moi qui souligne. Pour illustrer la différence entre un poème fondé sur le jeu de procédés langagiers et celui fondé sur l'image surréaliste il faut se reporter à la différence entre les tableaux de Magritte, illustrant un procédé surréaliste, et ceux de Max Ernst où les procédés à l'œuvre s'effacent derrière le caractère stupéfiant, voire extatique, de l'image.
68. *Ibid.*, p. 94.

des étincelles / C'est lui qui gronde dans les forges au crépuscule
[…] »[69] évoque l'arcane 15 appelée « Le diable ». Il s'agit là de
l'étape du tarot où la mutation, la crise ou la chute salutaires,
débouchent sur l'ouverture du mental à l'infini que symbolise
L'Étoile, l'arcane 17, le passage des ambitions matérielles aux ambitions spirituelles.

Un cas exemplaire de sélection mettant en valeur le mouvement
lyrique et sublime est celui relatif au recueils de textes automatiques de *Poisson soluble*. Les quatre historiettes retenues dans l'anthologie *Poèmes* forment en effet une suite signifiante avec une
nette amplification qualitative: 1) historiette n° 2, confession sur le
thème de l'ennui, 2) historiette n° 9, imprécations, 3) historiette
n° 11, événement lyrique et 4) historiette n° 21, événement
sublime. Dans la première historiette, notée n° 2, le poète évoque
sa vie, non pas les moments intenses comme il en a l'habitude,
mais les temps morts, la confrontation de l'être aux forces
ennuyeuses du même:

> Moins de temps qu'il n'en faut pour le dire, moins de larmes qu'il
> n'en faut pour mourir: j'ai tout compté, voilà. J'ai fait le recensement
> des pierres; elles sont au nombre de mes doigts et de quelques autres;
> j'ai distribué des prospectus aux plantes, mais toutes n'ont pas voulu
> les accepter. […] Les heures, le chagrin, je n'en tiens pas un compte
> raisonnable; je suis seul, je regarde par la fenêtre; il ne passe per-
> sonne, ou plutôt personne ne *passe* (je souligne passe). Ce Monsieur,
> vous ne le connaissez pas? c'est Monsieur Lemême. Je vous présente
> Madame Madame. […] Je consulte un horaire; les noms de villes ont
> été remplacés par des noms de personnes qui m'ont touché d'assez
> près. Irai-je à A, retournerai-je à B, changerai-je à X? Oui, naturel-
> lement, je changerai à X. Pourvu que je ne manque pas la corres-
> pondance avec l'ennui! Nous y sommes: l'ennui […][70].

L'historiette suivante, n° 9, fait partie des poèmes de désespoir
et de rage tels qu'on le retrouve dans les poèmes « Le verbe être »
et « La forêt dans la hache ». Les effets de la voix automatique sont
trop lourds à porter: s'agit-il vraiment d'une révélation inouïe ou
simplement de l'affleurement de désirs refoulés? La rage porte en
effet sur les éléments biographiques que le flot automatique souvent dévoile, désirs inavoués que la mauvaise conscience du poète

---

69. *Ibid.*, p. 92-93.
70. André Breton, *Poisson soluble, ibid.*, t. I, p. 352-353.

considère comme honteux, allégorie d'une expérience intime qui, au lieu d'enthousiasmer, avorte – la nuit tourne au cauchemar: « Sale nuit, nuit de fleurs, nuit de râles, nuit capiteuse, nuit sourde dont la main est un cerf-volant abject retenu par des fils de tous côtés, des fils noirs, des fils honteux »[71].

La troisième historiette, n° 11[72], est un conte surréaliste qui a pour objet la description lyrique d'une place appelée « la place du Porte-Manteau ». La voix surréaliste opère à nouveau la transmutation des désirs les plus personnels du poète. Au centre de la place, insolite à l'instar du casque géant d'Otrante dans le château, se dresse le Porte-Manteau lui-même, « un rouleau de papier à la main », indiquant à « son cheval la route où jadis ont foncé les oiseaux de paradis ». Rien n'y est normal, le cheval en se cabrant dégage dans son ombre de « petites lumières tournantes », les fenêtres sont des « rondelles de citron » ; dans l'une d'entre elles « la coque d'un superbe paquebot blanc, dont l'avant, gravement endommagé, est en proie à des fourmis d'une espèce inconnue » surgit soudain. Tout le texte enfin annonce les poèmes les plus merveilleux du *Revolver à cheveux blancs*.

Et il en est de même pour la dernière historiette, n° 21[73]. Le caractère lyrique des images s'y ouvre de plus en plus sur le sublime: « les forêts qui s'étendent à perte de vue sont en feu et les rires des femmes apparaissent comme des buissons de gui sur les arbres du canal », le brasier de la passion intérieure s'étend jusqu'à « Cythère », l'île d'Aphrodite, la rosée diffracte, comme un prisme, « la fin du siècle des siècles », un lévrier, qui « fait le mort » apparaît *en même temps* dans « chacune des salles du château ». La voix automatique porte à nouveau le poète dans des espaces inconnus et troublants.

On le voit, la sélection et l'ordre de la disposition[74] produisent un effet d'élévation propre au sublime. Qu'elle soit intuitive ou

---

71. *Ibid.*, p. 361.
72. *Ibid.*, p. 363-364.
73. *Ibid.*, p. 376-377.
74. La disposition des poèmes dans le recueil *Clair de terre* (1923) se présente comme un programme de lecture. Breton mène le lecteur par étapes progressives au sein de l'esprit surréaliste. *Cf.* mon article « Ouvertures sur la dictée magique. L'Appareil titulaire et disposition des poèmes dans *Clair de terre* (1923) d'André Breton », dans *Revue luxembourgeoise de Littérature générale et comparée*, Centre Universitaire de Luxembourg, printemps 1999, p. 6-29.

consciente, la sélection est motivée, et non arbitraire, elle reflète déjà le mouvement du « signe ascendant », c'est-à-dire du plus fermé au plus ouvert, du dépréciatif à l'enthousiasme.

L'on peut aussi s'interroger sur les raisons qui ont poussé Breton à rejeter *Poisson soluble*, puisqu'aucun de ces textes automatiques n'a été repris dans les deux dernières anthologies. Une réponse nous est donnée par le fait que le flot automatique n'est guère sous l'influence des Muses. Le ton des historiettes, en général, est plus prosaïque: soit les mots clés sont utilisés dans leur sens habituel, soit ils ne répondent pas à l'appel du signe ascendant et s'approchent du trivial. Les exemples du style prosaïque sont nombreux et je me limiterai à en donner un: « C'est ainsi que chaque matin on remettait à cette femme une lettre émanant soi-disant de son bien-aimé [...] »[75]. En d'autres termes, ce que les historiettes de *Poisson soluble* gagnent en enchaînement narratif sur le mode surréel, elles le perdent en densité polysémique. L'effet de la surréalité est ici davantage de l'ordre de la subversion des règles de la narration[76] que de la recherche d'une révélation par les images surréalistes.

Le travail de correction opéré sur les manuscrits est un autre mode de sélection. Dans le flot automatique, quels sont les critères qui président aux corrections? Mis à part quelques poèmes, la plupart des manuscrits que l'on a pu conserver concernent le recueil *Clair de terre*. Marguerite Bonnet circonscrit en ces termes le travail opéré en cours d'écriture ou après la coulée:

> Certaines [corrections] semblent indiquer une interruption de la « dictée » intérieure, un tâtonnement, un nouveau départ. En majorité, elles ont surtout pour but de donner à l'image une densité plus grande, de resserrer l'ensemble par des suppressions, ce qui suppose au moins un deuxième temps conscient, comparable à celui qui intervient pour les peintres tant dans le dessin automatique que dans le frottage, où la préoccupation inconsciente impose l'apparition d'une figure qui surgit du brouillage originel et que l'artiste n'a plus qu'à rendre apparente pour les autres par l'accentuation de certains traits[77].

---

75. *Œuvres complètes*, t. I, historiette n° 12, p. 364.
76. Pour plus d'information sur les signes de la surréalité on se reportera avec profit à l'article de Laurent Jenny, « La surréalité et ses signes narratifs », *Poétique*, n° 16, 1973, p. 499-520.
77. Notice de *Clair de terre*, dans *Œuvres complètes, op. cit.*, t. I, p. 1189.

A priori, il semblerait que ce travail de correction tente de mettre en relief les motifs préférés de Breton, de relancer la voix automatique quand celle-ci s'épuise ou se laisse distraire par les images visuelles que la voix souvent provoque. Comme le rappelle Breton: « Il en a résulté pour nous, durant l'écoute même, une succession à peine intermittente d'images visuelles, désorganisatrices du murmure et qu'au plus grand détriment de celui-ci nous n'avons pas toujours échappé à la tentation de fixer »[78].

Comparons brièvement le début de « Ligne brisée », dans la version telle qu'elle apparaît sur un manuscrit d'une collection privée.

> Nous le pain sec et l'eau dans les prisons du ciel
> ~~Nous les bancs renversés des jardins publics~~
> Nous les ~~tapis de ces~~ [pavés de l'amour] tous les signaux
> ~~Nous~~ [Qui] personnifions les grâces de ce poème
> ~~Rien~~ [Et Rien] ne nous exprime au delà de la mort ~~de cet essayage~~
> […]
>
> ~~L'enfer~~ Nous le pain sec et l'eau dans les prisons du ciel
> ~~Nous~~ le jeu de cartes ~~nocturne des casinos~~
>   ~~dans les catacombes~~ } à la belle étoile
> Nous soulevons à peine un coin de voile[79]

et sa version finale:

> Nous le pain sec et l'eau dans les prisons du ciel
> Nous les pavés de l'amour tous les signaux interrompus
> Qui personnifions les grâces de ce poème
> Rien ne nous exprime au-delà de la mort
> […]
> Nous le pain sec et l'eau dans les prisons du ciel
> Le jeu de cartes à la belle étoile
> Nous soulevons à peine un coin du voile
> Le raccommodeur de faïence travaille sur une échelle[80]

Les trois premiers vers qui évoquent en si peu de mots les conditions à la fois rudes et exaltantes de l'amour dans l'esprit exigeant du mythe platonicien ont été obtenus par suppression de vers et de syntagmes qui n'aident pas le motif initial à s'élever: le vers rayé

---

78. André Breton, « Le message automatique », *ibid.,* t. II, p. 388.
79. Manuscrit de la collection Simone Collinet, sans dédicace, daté « 22 août 1923 », signé « André Breton ».
80. *Clair de terre, Œuvres complètes, op. cit.,* t. I, p. 186.

LIGNE BRISÉE

Nous le pain sec et l'eau dans les prisons du ciel
~~Nous les bancs couverts des jardins publics~~
Nous, les ~~travis~~ de l'amour ~~tous~~ les signaux interrompus
~~Nous~~ personnifions les grâces de ce poème
~~Rien ne~~ nous exprime au delà de la mort ~~de cet essayage~~
~~A cette heure n'a-t-il suit pour sortir net~~
~~Les bottines vernies par~~
~~Le tic a nous~~ ses bottines vernies pour ~~sortir~~
~~La nuit tout~~
Nous prenons le temps comme il vient
C'est à dire ~~comme un mur~~ un mur mitoyen ~~à celui des~~ ~~au notre~~ prisons
Les araignées ~~qui~~ font entrer le bateau dans la rade
~~Il n'y a~~ qu'à tricher il n'y a rien à voir
Plus tard ~~vous apprenez~~ ~~soutenez~~ qui nous sommes
Nos travaux sont encore bien défendus
~~Mais~~ C'est le matin ni la dernière côte le temps se gâte
Nous ~~perdons~~ ~~Bruit~~ porterons
~~Plus tard nous promènerons nos bêtes~~ ailleurs notre luxe
~~Que sous les~~ embarrassant
Nous porterons ailleurs le luxe de la peste
~~Le bois sec qui crie~~
Nous ~~sommes~~ un peu de gelée blanche sur les façods humains
Et C'est tout
~~Le ... des~~ L'eau de vie panse les ~~grandes~~ blessures dans un
~~L'alcool panse~~ caveau par le soupirail ~~duquel~~ on aperçoit une
route bordée de grandes ~~patiences~~ vides
Ne demandez pas où ~~vous~~ ~~ils~~ êtes
~~Heureux~~ Nous le pain sec et l'eau dans les prisons du ciel
~~Nous~~ le jeu de cartes ~~nocturne des casinos~~
~~dans les catacombes~~
Nous soulevons à peine un coin du voile
Le raccommodeur de faïences ~~et~~ travaille sur une échelle
Il paraît jeune en dépit de la concession
Nous portons ~~son~~ deuil en jaune
Le pacte n'est pas encore signé
Les sœurs de charité provoquent ~~les ... cadavres qui~~
A l'horizon des fuites
~~Peut-être~~ ~~Nous~~ ~~voulons~~ faillions à la fois le mal et le bien
C'est ainsi que la volonté des rêves se fait
Gens qui pourriez
Nos rigueurs se perdent sans ~~le temps~~ ~~d'avance~~ le regret des existences

[Manuscrit autographe d'André Breton]

Vous sommes les vedettes de la séduction plus terrible
Le croc du chiffonnier Matin sur les hardes fleuries
Nous jette à la ~~prière~~ des trésors aux dents longues
~~L'invocation des désirs s'en va~~
~~Ne pardonne rien au-delà de ton~~
!l ajoute rien à la honte de ~~toi~~ propre pardon
C'est assez que d'armer pour une fin sans fond
~~La rosée~~ ces larmes ridicules qui ~~te~~ soulagent nous
~~Tes yeux de~~ Le ventre des ~~fleurs~~ mots est doré ce soir et rien n'est plus en vain
~~que ce to~~

30 août 1946

André Breton

«Nous les bancs renversés par les jardins publics» égare, et le syntagme «de cet essayage» est trivial. Remarquable est le changement de polarité des deux déterminants de «jeu de cartes»: les syntagmes «nocturne des casinos» et «dans les catacombes», où domine la tonalité de l'obscurité inquiétante de l'enfermement sans échappée, sont remplacés par un syntagme suggérant l'*obscurité brillante*, en l'occurrence, l'expression «à la belle étoile», où souffle un vent de liberté. Enfin, la voix automatique semblait se lancer sur le motif de l'«Enfer» risquant d'aiguiller le murmure vers l'imagerie chrétienne. Breton interrompt ici le flot automatique pour le faire repartir sur le vers qui a déjà servi d'*incipit* au poème: «Nous le pain sec et l'eau dans les prisons du ciel»; c'est de nouveau préférer à un espace péjoratif et clos («L'enfer»), un espace péjoratif ouvert sur un espace mélioratif («prison du ciel»). Le constat est incontestable: même dans les manuscrits l'amour, pour s'élever, s'appuie, comme nous l'avons vu clairement pour *L'Air de l'eau*, sur l'abîme, dont l'enfer est un avatar.

En somme, il est indéniable que la grandeur d'âme propre au sublime a contribué pour une grande part au travail de sélection opéré par Breton sur ses poèmes. L'efficacité et la réalité du principe du signe ascendant tendu vers le point sublime s'en trouve ainsi conforté.

Le discours de l'abîme

> Le pseudo-Longin traite non du rapport de la rhé-
> torique à la persuasion, mais du *stupéfiant* à l'*extase*.
>
> Michel Deguy, « Le grand dire »

> …je creuse le même vertige à la caresse. Je l'abîme
> et je la sublime, […] et je vaux ce que pour son
> amant, la première fois qu'elle s'abandonne, elle pèse
> dans ses bras.
>
> André Breton, « Femmes sur la plage »,
> *Signe ascendant*

Le chant automatique tel qu'il se présente dans les poèmes bretoniens allie, conformément à l'esthétique sublime, le stupéfiant à
l'extase, le néant à l'amour. Il s'agira dans ce chapitre de vérifier ce
que j'ai souligné dans l'introduction, à savoir que le poème surréaliste stupéfie d'abord, voire terrifie, puis déclenche une forme de
plaisir « pré-extatique »; que l'image surréaliste oscille entre sidération et plaisir, entre la nuit du sens, et l'éclair du sens; et que le
sujet, quant à lui, oscille entre la désintégration de sa personnalité
et sa reconstruction sur un plan d'entendement qui dépasse son
entendement. Ce mouvement de va-et-vient, qui se produit sur
plusieurs plans à la fois, repose sur l'alliance des contraires que
réunit le point sublime. La tension créée par l'alternative dynamique de la disjonction et de la conjonction se résout dans une synthèse supérieure des contradictoires libérant une forte émotion.
Mon hypothèse est que l'émotion libérée par cette synthèse qui
soudain surgit au cours du flot verbal relève du plaisir[81] et qu'elle
se repère dans les poèmes par tout un réseau thématique de brèches
qui s'ouvrent dans un quelconque objet pour donner *à voir*.

Le sentiment de la stupéfaction, qui peut facilement mener à
l'angoisse et à la terreur, naît avec la pratique et la lecture de l'écriture automatique. Il s'agit là d'une rupture foudroyante avec le sens
conventionnel. L'automatisme fait partie, en ce sens, de l'expérience de l'abîme qui relève d'une des grandes épreuves de l'humanité, pour le meilleur (les religions et l'art) ou pour le pire (les
guerres). C'est ce que rappelle Paul Moreau à partir de l'expérience
de la bouche d'ombre chez Hugo:

81. Il me semble qu'elle est, avec les procédés lyriques de la répétition, de l'exclamation et du développement, l'une des principales sources du plaisir du texte.

L'abîme est, naturellement, le mal, l'ignorance, l'erreur, le doute, l'injustice, le néant de l'homme; il est le deuil, l'oubli, la destinée des nations en proie aux tyrannies. Mais il revêt aussi un caractère de noblesse, de grandeur cosmique, quand il s'identifie à la vie universelle, quand il est «cette étrange caverne que nous nommons Création»[82].

L'ambivalence de l'abîme est à l'origine de la puissance du poète: elle est à la fois sa mort et sa renaissance. Mentalement préparé à la descente aux enfers, réceptif aux charmes des Muses, le poète est capable de transformer, de sublimer, devrait-on dire, l'expérience angoissante de la chute en un mouvement paradoxal d'élévation de l'âme vers l'extase.

Dans le chapitre suivant, nous verrons plus en détail ce jeu entre la stupéfaction et l'extase à partir du motif de l'ouverture et du lieu sur lequel cette ouverture donne, que j'appelle le «lieu amène surréaliste». Où sont localisés ces moments de la révélation? Quel est leur contenu et comment sont-ils rendus? Il s'agit en fait de mettre à l'épreuve une des plus belles définitions de la prose si magnétique de Breton, donnée par J. Gracq:

> Instrument d'équilibre au sein du vertige – à l'image de ce balancier dont la mystérieuse oscillation de vague parle indissolublement à la fois de la hantise de l'abîme et de la solidité du fil conducteur, la prose de Breton nous fait participer au même sentiment exaltant de recours inépuisable, de «compensation miraculeuse», et de déni lucide de la pesanteur[83].

1. Le lieu amène surréaliste

> Car, par nature en quelque sorte, sous l'effet du véritable sublime, notre âme s'élève, et, atteignant de fiers sommets, s'emplit de joie et d'exaltation, comme si elle avait enfanté elle-même ce qu'elle a entendu.
>
> Longin, *Du sublime*, VII. 2

---

82. P. Moreau, *Âmes et thèmes romantiques*, Paris, Corti, 1965, p. 70.
83. Julien Gracq, *André Breton*, dans *Œuvres complètes*, t. I, *op. cit.*, p. 509.

> À l'éveil, le tout serait de refuser à la fallacieuse clarté
> le sacrifice de cette lueur de labradorite qui nous
> dérobe trop vite et si vainement les prémonitions et
> les incitations du rêve de la nuit quand elle est tout
> ce que nous avons en propre pour nous diriger sans
> coup férir dans le dédale de la rue.
>
> André Breton, « Personnages dans la nuit guidés
> par les traces phosphorescentes des escargots »,
> *Constellations*, dans *Signe ascendant*, p. 133

Les lieux de l'ouverture dans la poésie de Breton prennent la valeur d'un lieu amène dont la description de la maison en verre constitue en quelque sorte le modèle. Ces lieux concernent la révélation attendue par le poète lors de la pratique de l'écriture automatique. En général je les identifie comme étant ces lieux qui surgissent à partir d'une brèche, d'une cassure, d'une ouverture dans un objet quelconque et qui donnent sur une vision bénéfique. L'absence d'ouverture peut mener à la chute ou à l'attente, ces deux états psychiques, toutefois, pouvant à chaque instant se sublimer à nouveau. La mort y est saisie, non comme un état définitif, mais, religieusement et alchimiquement, comme un passage. Les lieux de la terreur sont dans la poésie de Breton toujours en relation, d'une manière ou d'une autre, avec des lieux bénéfiques. Même si les forces de la destruction y participent activement, le lieu amène surréaliste conserve la caractéristique essentielle du *locus amœnus* qui est celle du plaisir. Toutefois, chez Breton, l'expérience est particulière, elle repose sur l'angoisse, la chute, provoquée par la destruction du sens, sans laquelle elle ne pourrait pas se réaliser. Il sublime en fait Phobos en Thaumas, la peur en sentiment de merveille, l'obscurité en illumination. Il est sublime en ce sens qu'il s'appuie sur l'abîme de l'inconscient et ses forces pulsionnelles pour élever l'esprit à un état, momentané, d'éblouissement, d'union incandescente entre le *pathos* et le *logos*.

Avant d'amorcer l'analyse proprement dite, il faut s'arrêter quelque peu sur la notion de lieu amène, dite aussi, lieu plaisant ou *locus amœnus*. Curtius, dans son ouvrage *La Littérature et le Moyen Age*, y consacre tout un chapitre, intitulé « Le paysage idéal »[84], qu'il définit comme une représentation idéale de l'homme, de sa condition

---

84. Ernst Robert Curtius, *La Littérature européenne*, I, trad. de l'allemand par Jean Bréjoux, Paris, PUF, coll. « Agora », 1956, p. 301-327.

et de sa vie qui varie en fonction des civilisations et des époques. Curtius en distingue trois types: le bosquet ou la forêt, le lieu de plaisance ou *locus amœnus* et le paysage épique. L'origine de ces lieux dans la civilisation occidentale remonte à la poésie grecque. Chez Homère les paysages idéaux abondent: séjour des Nymphes ou d'Athéna, île des Chèvres, jardins pleins de fruits succulents comme les jardins d'Alcinoüs, la grotte féerique de Calypso, les rivages bienheureux comme ceux de l'île de Syrié, véritable pays de Cocagne.

De ces paysages, les poètes qui ont succédé à Homère jusqu'au Moyen Age retiennent les motifs stéréotypés du printemps et du lieu champêtre: «le pays de l'éternel printemps, où l'on goûte la félicité après la mort; le paysage charmant qui réunit arbres, sources et gazon; la forêt aux essences mélangées; le tapis de fleurs[85].»

Naturellement, de par la similitude de leurs thèmes, ils nourrissent l'imagination lyrique des pastorales, depuis les églogues de Virgile (1er s. avant J.-C.) jusqu'au *Faust II* (1832) de Gœthe, en passant par *Daphnis et Chloé* de Longus (fin IIe s.-déb. IIIe s.). Ils se développent dans le sens de l'abondance et de l'érotisme, comme le souligne Curtius en s'appuyant sur l'auteur des *Affinités électives*, «dans le monde des bergers, 'tous les mondes se tendent la main'[86].» Et l'on mesure dans le passage suivant les affinités de ton autour de la félicité que le motif des pastorales entretient avec la poésie de Breton:

> La source jaillit, les ruisseaux s'unissent et dévalent, / Déjà verdoient les gorges, les pentes, les pâturages; / [...] Par groupes, d'un pas prudemment mesuré, / Les bêtes à cornes montent jusqu'au bord escarpé; / Mais là des abris sont prêts pour tous, [...] / Là, Pan les protège; les Nymphes dispensatrices de vie habitent / Dans les creux humides et frais, pleins de buissons touffus, / Et vers les régions supérieures / Les arbres serrés tendent leurs branches en un ardent / élan. [...]. Maternellement, dans le calme cercle d'ombre, / Le lait tiède jaillit pour l'enfant et l'agneau; [...] / / En ces lieux, le bien-être est héréditaire, / [...] Chacun vit en immortel à la place qui est sienne; [...] / Nous sommes émerveillés; toujours on se demande: / Sont-ce des Dieux ou des hommes? / Ainsi Apollon prit si bien la forme d'un berger, / Que l'un des plus beaux lui ressembla; / Car dans le

---

85. *Ibid.*, p. 306.
86. *Ibid.*, p. 308.

pur domaine où règne la nature, / Tous les mondes se tendent la main[87].

Cette félicité dans la communion est un état psychique que l'on retrouve chez Breton symbolisé par le vers fondamental de *L'Air de l'eau,* « le monde est dans un baiser ». Ainsi, un passage de l'historiette n° 8 de *Poisson soluble*:

> Chaque soir [...] la vertu désaltérante du sang de rose se communique à tout le ciel environnant, pendant que sur une borne grelotte un jeune enfant qui compte les étoiles; tout à l'heure, il reconduira son troupeau aux crins millénaires, depuis le sagittaire ou flèche d'eau qui a trois mains, l'une pour extraire, l'autre pour caresser, l'autre pour ombrager ou pour diriger, depuis le sagittaire de mes jours jusqu'au chien d'Alsace qui a un œil bleu et un œil jaune, le chien des anaglyphes de mes rêves, le fidèle compagnon des marées[88].

J'irai plus loin que Michel Murat, qui souligne dans l'écriture automatique de Breton des motifs aux « accents d'églogue virgilienne »[89], et que Michel Chaillou, estimant qu'avec « André Breton, il semble que le bruit naturel du cerveau soit le chant [...] », et que « le mot sublime rebondit d'un son plein sous les verdures de cette neuve bergerie du tendre instantané »[90]. Je tenterai de montrer que le *locus amœnus* surréaliste, quand il surgit soudain dans les poèmes bretoniens, se compose au moins des trois lieux idéaux décrits par Curtius, lieux qui ne « servent qu'au plaisir et qui ne sont pas organisés dans un but utilitaire »[91]: merveilles, jouissance et événements héroïques.

C'est en effet autour du plaisir, de la merveille et de la révélation que se cristallise le lieu amène surréaliste. Il allie en quelque sorte la détente heureuse et bienfaisante de l'âme et du corps à la vision luxuriante d'un événement mental extraordinaire qui, sous l'impulsion de l'abîme, mène l'être à un état de conscience et de compréhension nouveau. Cet état de grâce est le point sublime de

---

87. Johann Wolfgang von Gœthe, *Faust*, II, vers 9530 et suiv., trad. H. Lichtenberger, éd., Montaigne, Collection bilingue, cité par Ernst Robert Curtius, *La Littérature européenne, op. cit.,* p. 309.
88. Cité par Michel Murat, « Les lieux communs de l'écriture automatique », *op. cit.,* p. 131.
89. *Ibid.*, p. 131.
90. « Le cri de l'oiseau moqueur », *Le Monde*, 27 juin 1970, cité par Gérard Legrand, *André Breton en son temps*, Paris, Le Soleil noir, 1976, p. 105-106.
91. Ernst Robert Curtius, *La Littérature européenne, op. cit.*, p. 312.

la quête surréaliste à partir duquel l'homme s'accorde avec le mystère de la vie, à partir duquel il échange à nouveau avec les dieux pour orienter son devenir dans le sens de l'épanouissement de ses facultés. Un tel lieu tient, par exemple, en ce qui concerne sa face agréable, de la grotte féerique de Calypso[92], de l'île paradisiaque d'Immalie[93] et du visage d'Amour révélé par la bougie de Psyché dans le palais enchanté avant la goutte de cire fatale[94]; il relève, également, en sa face révélatrice, à la fois terrifiante et extatique, de l'apparition du casque géant dans le château d'Otrante[95] ou du Graal dans le château du Roi pêcheur.

Ce qui particularise le lieu amène surréaliste, c'est qu'il est hautement instable, qu'il contient en lui-même les puissances de la destruction qui, à tout moment, peuvent le faire basculer en cauchemar ou du moins en détruire l'aspect bienfaisant. L'effort du poète surréaliste consiste à être capable de se mouvoir, grâce à l'amour, le plus aisément possible d'un état de conscience à un autre, de se maintenir en hauteur et de provoquer des courts-circuits entre ces états par le seul mouvement de son *désir exercé*. Ce qui revient à dire, sur le plan du langage, que pour Breton, comme le souligne Jacqueline Chénieux-Gendron, le « seul problème […] est dans l'avènement et le maintien à la conscience de termes entre lesquels joue un attrait fulgurant[96]. »

C'est l'attitude de l'être qui est donc en grande partie déterminante, qui est capable d'influer sur le versant bénéfique ou maléfique de l'événement psychique qu'est le *locus amœnus* surréaliste[97].

---

92. Cette grotte est un monde en soi: il comporte plusieurs salles, des jardins naturels, des gazons et un bois sacré que traversent de nombreuses sources.
93. La rencontre sublime d'Immalie et de l'Homme errant est racontée à partir du chapitre XX du chef-d'œuvre de Charles Maturin, *Melmoth ou l'homme errant*, repris dans *Romans terrifiants*, Paris, Laffont, coll. « Bouquins », 1984 [c1820], p. 791 sq.
94. Le conte d'Amour et de Psyché est enchâssé dans le récit d'Apulée *Les Métamorphoses ou L'Âne d'or*, traduction de Paul Valette, Paris, Les Belles-Lettres, 1947.
95. Horace Walpole, *Le Château d'Otrante*, Paris, Corti, coll. « Romantique », 1989 [c 1764].
96. Jacqueline Chénieux-Gendron, *Le Surréalisme, op. cit.*, p. 92.
97. L'espace à l'intérieur duquel se meut la poésie de Breton tient du mouvement psychique qui se fonde sur celui du rêve. L'on sait que les rêves se laissent en partie apprivoiser par l'expérience ainsi que par une attitude morale qui les stimule, et que la conscience du rêveur peut éviter certains dangers vécus en rêve en tirant les leçons de situations vécues antérieurement.

La morale surréaliste est censée y préparer. Le lieu amène, cette mise sous haute tension des émotions de l'homme et des régimes de la nature, est une «zone événementielle» à conquérir. La poésie actualise ce qu'il peut y avoir de sublime dans les rêves d'une grande âme, comme le souligne Breton en citant l'auteur des *Confessions d'un mangeur d'opium*:

> Plus que jamais demande à être sauvée cette «idée de la grandeur qui, dit Thomas de Quincey, gît *en puissance* dans les rêves de l'homme». Et il ajoute: «L'homme qui parle de bœufs probablement rêvera de bœufs. Et la condition humaine, qui tient la grande majorité de nos semblables sous le joug d'une expérience journalière incompatible avec une grande élévation de pensée, stérilise bien souvent nos rêves, rendant leur pouvoir reproducteur inapte à toute espèce de grandeur, fût-ce chez les esprits habités d'une imagerie somptueuse… […] La machinerie du rêve plantée dans notre cerveau a sa raison d'être. Cette faculté, qui possède des accointances avec le mystère des ténèbres, est comme l'unique conduit par quoi l'homme communique avec l'obscur»[98].

Et cette actualisation des rêves les plus secrets et élevés se réalise dans le régime automatique du murmure intérieur, dont le flot incessant est, comme le bavardage intime ou le babillage des enfants, source de quiétude au sein d'un chaos déroutant d'images. Julien Gracq a bien saisi l'équilibre fragile de ce murmure qu'est l'écriture automatique:

> L'extraordinaire souplesse de la syntaxe, quelle que soit l'ampleur des oscillations continue à assurer le sentiment de sécurité indéfinie – au milieu de ces arabesques et de ce tangage, on dirait qu'est suspendu quelque part un gyroscope invisible – plutôt qu'à l'écriture, c'est au pilotage automatique que cette aptitude à peu près illimitée à ramener dans la ligne nous fait songer. Il y a des trous d'air et des baisses de régime – des passages à vide qui laissent le cœur flotter un moment, incertain – et puis revient la sensation indéfinissable, la sécurité de l'air porteur, le plancher rebondissant du tapis volant […][99].

---

98. André Breton, «Devant le rideau», *La Clé des champs, Œuvres complètes, op. cit.,* t. III, p. 745.
99. J. Gracq, «Spectre de "Poisson soluble"», dans *Préférences, Œuvres complètes, op. cit.*, p. 903-904.

Le moment sublime dans la poésie de Breton est donc cet événement qui, dans un mouvement chaotique, soudain donne à voir le monde de la merveille, un monde où tous les éléments sont unis entre eux selon le principe actif du plaisir, de la célébration de toutes les facettes de la vie. Le sublime bretonien est l'expérience de l'âme qui, tout en s'appuyant sur l'abîme, tout en se laissant disloquer en mille éclats par les ravages du flot automatique, parvient en même temps à rétablir l'unité, à sublimer les forces de dissociation en un chant de célébration de la vie[100].

À l'instar du rêveur qui dans le rêve peut se dédoubler en acteur et en observateur, le « je », au sein de cet « opéra fabuleux » qu'est le chant automatique, est conscient de sa nouvelle nature, placée sous le signe de l'imaginaire: il devient multiple et sa place au monde ne tient plus que de la partie d'un tout. Il relève de la magie et du hasard, « Je suis un sort »[101]; il est le désir en image: « Cette neige que j'adore fait des rêves et je suis un de ces rêves »[102]; dans le domaine de l'amour il a sa modeste mais nécessaire place: « Je suis un des rouages les plus délicats de l'amour terrestre »[103]; enfin, il est celui qui marche sur les fils de la folie, « Je suis un couvreur devenu fou », dont l'intimité n'est plus un espace clos et fermé, mais un espace peuplé des multiples incarnations de ses désirs: « Je ne suis pas seul en moi-même / Pas plus seul que le gui sur l'arbre de moi-même / Je respire les nids et je touche aux petits des étoiles »[104].

Dans le flot automatique, le poète est donc à la fois un objet parmi d'autres soumis aux mouvements imprévisibles des pulsions

---

100. Un tel mouvement – attente, errement, révélation, transformation – peut être observé dans le recueil *Des épingles tremblantes*. *Cf.* mon article « André Breton en exil: les Antilles comme modèle géographique du surréalisme. Une étude du recueil de poésie *Des 'Épingles tremblantes'* (mai 1941) », dans *Études Romanes*, XIV, *Conférences organisées/éditées par le Centre d'Études et de Recherches francophones (CERF) en 1997*, textes réunis et présentés par Frank Wilhelm, Actes de l'atelier « L'Écriture de l'exil dans la littérature francophone européenne » lors du Congrès du Conseil international d'Études francophones (CIÉF) en Guadeloupe, le 13 mai 1997, publications du Centre Universitaire de Luxembourg, 1998, p. 19-30.
101. André Breton, « Silhouette de paille », *Clair de terre*, *Œuvres complètes, op. cit.,* t. I, p. 179.
102. André Breton, « Mille et mille fois », *ibid.*, p. 182.
103. *Ibid.*, p. 182.
104. André Breton, « Le Puits enchanté », *ibid.*, t. II, p. 1242 et « Légion étrangère », *Clair de terre, ibid.,* t. I, p. 184.

et le spectateur conscient de ce qui lui arrive. Son statut oscille entre objet, sujet et observateur.

Les brèches « dans la nuit morale »[105] de l'amour ouvrent sur une vision possible de l'humanité, telle que la partie la plus obscure de notre être est capable de la désirer. Mais avant de passer en revue ces visions, il est nécessaire de s'attarder quelque peu sur ces lieux où se produisent ces ouvertures, tant ceux-ci sont diversifiés et, surtout, imprévisibles. Leur apparition est soumise au régime du hasard. Une des caractéristiques principales du régime analogique est l'imprévisibilité: l'endroit et le moment où la brèche se forme échappe à tout contrôle. Le déroulement de la chaîne associative qu'une émotion alimente peut déboucher à chaque instant sur la révélation attendue, ou, alors, tout simplement se tarir sans le choc émotif espéré. Mais encore, la brèche, quand elle surgit, n'est pas nécessairement bénéfique, elle est à double face: à ceux qui ne savent comment l'aborder, elle peut être aussi, avant la sublimation, le gouffre des pulsions destructives. Dans l'*Ode à Charles Fourier*, Breton suggère que l'humanité, à peine relevée de ses guerres, reprend le chemin qui y mène:

> Fourier il est par trop sombre de les [les hommes] voir émerger d'un des pires cloaques de l'histoire
>
> Épris du dédale qui y ramène
>
> Impatients de recommencer pour mieux sauter
>
> > Sur la brèche
> > Au premier défaut du cyclone
> > Savoir *qui* reste la lampe au chapeau
> > La main ferme à la rampe du wagonnet suspendu
> > Lancé dans le poussier sublime
> >
> > Comme toi Fourier
> > Toi tout debout parmi les grands visionnaires[106]

Les ouvertures apparaissent dans tous les recueils, elles relèvent du dévoilement des apparences et des sentiments, du *logos* comme du *mythos*. Elles donnent parfois sur des visions qui jouent sur le double sens du mot: voir avec l'esprit et voir avec les yeux. Je proposerai comme emblème à ces ouvertures le vers suivant tiré de l'*Air de l'eau*:

---

105. André Breton, *L'Air de l'eau, ibid.,* t. II, p. 399.
106. André Breton, *Ode à Charles Fourier, ibid.,* t. III, p. 354.

Je m'attends à ce que se produise une fois de plus la déchirure fas-
cinante
La déchirure unique
De la façade et de mon cœur[107]

Dès *Clair de terre,* l'espace impitoyable qu'est le bagne se lézarde
« avec ses brèches blondes comme un livre sur les genoux d'une
jeune fille »[108]. Dans *Le Revolver à cheveux blancs* l'ouverture surgit
dans un des motifs-clés de la poésie de Breton, qui est le lit:
« quand l'homme dort / Et que des brèches brillantes s'ouvrent
dans son lit »[109]; mais aussi à travers l'écriture: « Mais le plus beau
c'est dans l'intervalle de certaines lettres / Où des mains plus
blanches que la corne des étoiles à midi / Ravagent un nid d'hi-
rondelles blanches / Pour qu'il pleuve toujours »[110]. Rappelons que
dans *L'Air de l'eau*, les « yeux » de la main de Jacqueline Lamba
s'ouvrent « sur un jardin nocturne », que les ordres de Sade, depuis
sa demeure dans un volcan, « ouvrent une brèche dans la nuit
morale »[111], et que d'« effrayantes bornes mentales / À cheveux de
vigne / Se fendent dans le sens de la longueur »[112]. Dans la fable
philosophique *Au Lavoir noir,* c'est une chenille en métamorphose
qui marque la brèche: « La nuit, quand il n'y a plus de plafond, je
sens s'ouvrir sur moi les ailes de la lichénée bleue! »[113]. Dans le
salon de madame Ricochet, « Les portes se fendent pour livrer passage aux servantes en escarpolette »[114]. Au centre du poème *Pleine
Marge* le poète prend son « bien dans les failles du roc »[115]. Dans
Fata Morgana on remarquera le déplacement qui fait qu'une clé
ouvre un bois: « […] je suis sûr qu'au fond du bois fermé à clé qui
tourne en ce moment contre la vitre / S'ouvre la seule clairière »[116].
Dans l'éloge à la divinité Dukduk, l'apparition du dieu ne passe pas

107. André Breton, *L'Air de l'eau, ibid.,* t. II, p. 408.
108. André Breton, « Le Volubilis et je sais l'hypoténuse », *Clair de terre, ibid.,*
t. I, p. 168.
109. André Breton, « Facteur cheval », *Le Revolver à cheveux blancs, ibid.,* t. II,
p. 89.
110. André Breton, « Les Écrits s'en vont », *ibid.,* p. 77.
111. André Breton, *L'Air de l'eau, ibid.,* p. 402 et 399.
112. *Ibid.,* p. 395.
113. André Breton, *Au lavoir noir, ibid.,* p. 670.
114. André Breton, « Monde », *ibid.,* p. 1240.
115. André Breton, *Pleine Marge, ibid.,* t. II, p. 1181.
116. André Breton, *Fata Morgana, ibid.,* t. II, p. 1190.

inaperçue, elle relève de la grandeur: « Le sang ne fait qu'un tour / Quand le dukduk se déploie sur la péninsule de la Gazelle / Et que la jungle s'entrouvre sur cent soleils levants »[117]. Enfin mentionnons que dans le poème en prose « Femmes au bord d'un lac à la surface irisée par le passage d'un cygne », la rêverie de ces réincarnations de la Dame du Lac « se veloute de la chair d'une pensée proportionnée aux dimensions de l'œil cyclopéen qu'ouvrent les lacs […] »[118], et l'on remarquera comment l'image unit les régimes de la nature et de la divinité, comment est associé à l'un des symboles par excellence de l'inconscient qu'est le lac le regard du monstre Cyclope, regard de nature volcanique et donc dominé par les forces obscures de l'être; l'on remarquera, enfin, comment le poète suggère que la pensée de ces femmes est de puissance égale à celle des pulsions.

A priori, il semble que tout objet peut devenir le lieu d'une ouverture; toutefois, on constate que les objets liés aux thèmes lyriques précédemment relevés comme le lit, les cheveux, la forêt, le bois et les lacs, pour ne citer que quelques-uns, sont ici privilégiés.

En ce qui concerne la fréquence du verbe « voir », il va de soi qu'elle compte, avec les mots en relation avec l'oeil parmi la plus élevée dans toute l'œuvre de Breton[119]. Il est remarquable de constater que les visions que le poète évoque sont d'ordre à la fois morale et esthétique. Elles ouvrent l'esprit à d'autres horizons et donnent à voir la merveille. À les lire, on ne s'étonne guère que les amis de Breton, dans les années vingt, aient comparé leur ami au dauphin, « l'animal mythologique gardien de l'oracle delphique »[120]:

117. André Breton, « Dukduk », *Xénophiles, ibid.*, t. III, p. 415.
118. André Breton, « Femmes au bord d'un lac à la surface irisée par le passage d'un cygne », *Constellations, Signe ascendant, op. cit.*, p. 161.
119. Ci-joint quelques mots qui apparaissent le plus fréquemment dans la poésie de Breton. Le chiffre fourni est approximatif et contient les lemmes du mot: « comme » 320 occurrences; « femmes », « faire » et « grand » 210; « œil » 160; « jour » 150; « aimer » et « amour », « dire », « main » et « seul » 140; « blanc », « elle », « homme », « prendre » et « voir » 130; « nuit », « savoir » et « temps » 120.
120. Henri Béhar, *André Breton, Le grand indésirable*, Pris, Calmann-Lévy, 1990, p. 196.

vision d'objets, imaginaires ou non:

> Je vois l'ibis aux belles manières
> Qui revient de l'étang lacé dans mon cœur[121]

> Je ne vois du ciel qu'une étoile
> Il n'y a plus autour de nous que le lait décrivant son ellipse vertigi-
> neuse[122]

> Je vois le lutin
> Que d'un ongle tu mets en liberté[123]

> Je vois la semelle de poussière de diamant je vois le paon blanc qui
> fait la roue derrière l'écran de la cheminée[1245]

> Je vois l'aigle qui s'échappe de ta tête
> Il tient dans ses serres le mouton de Panurge[1256]

vision morale du tourment:

> je ne vois plus clair, c'est comme si une cascade s'interposait entre le
> théâtre de ma vie et moi qui n'en suis pas le principal acteur[126]

vision morale de l'effort, considérée comme allant de soi dans l'élan
vers le haut:

> Je vois l'effort dans toute sa beauté, l'effort réel qui ne se chiffre par
> rien, peu avant l'apparition de la dernière étoile[127]

vision de l'amour et de la femme:

> Tu vois les femmes que tu as aimées
> Sans qu'elles te voient tu les vois sans qu'elles te voient
> Comme tu les as aimées sans qu'elles te voient[128]

121. André Breton, « Non-lieu », dans *Le Revolver à cheveux blancs*, *Œuvres com-plètes, op. cit.*, t. II, p. 67.
122. André Breton, *L'Air de l'eau, ibid.*, p. 398.
123. André Breton, *Fata Morgana, ibid.*, p. 1186.
124. André Breton, « Le Puits enchanté », *ibid.*, p. 1241.
125. André Breton, *Ode à Charles Fourier, ibid.*, t. III, p. 360. Breton évoque ici les statuettes des indiens Cheyenne, qui représentent une tête d'homme, du som-met de laquelle surgit la tête d'un aigle.
126. André Breton, *Poisson soluble*, texte n° 1, *ibid.*, t. I, p. 351.
127. André Breton, « La Forêt dans la hache », *Le Revolver à cheveux blancs, ibid.*, t. II, p. 78.
128. André Breton, « Allotropie », *ibid.*, p. 73.

Je vois leurs seins qui sont des étoiles sur des vagues
Leurs seins dans lesquels pleure à jamais l'invisible lait bleu[129]

vision de l'aimée, l'inspiratrice:

Lorsque je te vois je retrouve en moi cet homme qui avait oublié trop
volontiers la parole[130]

vision enfin de l'invisible

Je vois ce qui m'est caché à tout jamais
Quand tu dors dans la clairière de ton bras sous les
papillons de tes cheveux
Et quand tu renais du phénix de ta source
Dans la menthe de la mémoire
De la moire énigmatique de la ressemblance dans un miroir sans
fond
Tirant l'épingle de ce qu'on ne verra qu'une fois[131]

Quand le motif de l'ouverture est plus longuement développé,
qu'il devient l'acmé de l'expérience mentale surréaliste, il comprend
toujours, à la fois, des événements merveilleux et des marques de
la prise de conscience par le poète de cet instant magique dont il
est et l'acteur et le témoin ébloui.

Le recueil *L'Air de l'eau* (1934) peut être considéré comme l'un
des plus beaux modèles du lieu amène surréaliste. Ce « monde dans
un baiser » se tient en équilibre délicat sur le fil du murmure tendu
au-dessus du gouffre de l'être. L'ensemble de ce recueil de quatorze
poèmes peut se lire comme cheminement initiatique non *vers* mais
à travers le lieu amène surréaliste transfiguré par la relation amoureuse: l'étincelle longue est ici celle de l'amour et s'étire sur tout le
recueil. Le premier poème décrit l'entrée dans ce lieu amène de la
passion amoureuse, qui passe par une certaine forme de mort,
« Entrée scintillante de la voie de fait qui mène au tombeau [...]
Tandis que les effrayantes bornes mentales [...] Se fendent [...]
Livrant passage à des aigrettes [...] »[132]; – le second décrit ce
monde particulier d'enchantements qui surgissent dans un baiser
et que les amants, littéralement, parcourent « Nous pouvons aller
et venir dans les pièces frissonnantes » ; – le suivant évoque l'aimée

129. André Breton, « Un Homme et une femme absolument blancs », *ibid.*, p. 89.
130. André Breton, *L'Air de l'eau, ibid.,* t. II, p. 405.
131. André Breton, « Écoute au coquillage », *Oubliés, ibid.,* t. III, p. 417-418.
132. André Breton, *L'Air de l'eau, ibid.,* t. II, p. 395-396.

démultipliée, assise devant sa toilette « Je rêve je te vois superposée indéfiniment à toi-même [...] J'écoute siffler mélodieusement / Tes bras innombrables / Serpent unique dans tous les arbres / Tes bras au centre desquels tourne le cristal de la rose des vents / Ma fontaine vivante de Sivas »[133]; – le quatrième se lit comme une première acmé d'ordre érotique « L'aigle sexuel exulte il va dorer la terre encore une fois / Son aile descendante / Son aile ascendante agite imperceptiblement les manches de la menthe poivrée / Et tout l'adorable déshabillé de l'eau »[134], le poète est transfiguré par ce moment sublime « Je prends l'empreinte de la mort et de la vie / À l'air liquide »[135]; – les trois poèmes suivants viennent légitimer la relation amoureuse par des gloses et des évocations d'ordre historique, ésotérique et privé mais aussi par des visions sublimes que l'image du feu embrase (thème du volcan et de la vision morale en relation avec Sade, de la femme fée, de la première rencontre avec l'aimée); les six poèmes suivants poursuivent l'évocation de ce monde, alliant au récit de la merveille son commentaire, le poète à la fois savoure l'événement intime et en observe le fonctionnement mystérieux (thème de la chute avant la révélation amoureuse, de la femme comme démiurge de ce monde); – enfin le dernier poème se lit comme la somme de tout le recueil « Je m'attends à ce que se produise une fois de plus la déchirure fascinante / La déchirure unique / De la façade et de mon cœur / Plus je m'approche de toi / En réalité / Plus la clé chante à la porte de la chambre inconnue / Où tu m'apparais seule [...] »[136], le mouvement d'amour suspend le temps et l'espace en un mouvement qui est le développement à l'infini de chaque instant considéré non pas linéairement comme ayant un passé et un futur, mais mythologiquement comme étant, à chaque fois, un instant radicalement original:

> Toujours pour la première fois
> C'est à peine si je te connais de vue
> [...]
> Il y a
> Qu'à me pencher sur le précipice
> De la fusion sans espoir de ta présence et de ton absence

133. *Ibid.,* p. 397.
134. *Ibid.,* p. 398.
135. *Ibid.,* p. 399.
136. *Ibid.,* p. 408.

J'ai trouvé le secret
De t'aimer
Toujours pour la première fois[137]

Le temps de ce monde est celui de la subjectivité, il est soumis, comme l'espace, aux schèmes des associations libres entre les mots: c'est l'espace mental de la coïncidence, où les perceptions et la mémoire, tout comme les notions de passé, de présent et de futur, sont englobées dans le mouvement illimité de l'imagination, dans l'étincelle longue de l'événement intime amoureux. L'instant recrée, à sa manière, tout un monde avec son espace intime et son dehors, avec l'exploration par les protagonistes de cette intimité, avec leur faculté de se multiplier sous l'effet de l'ubiquité, avec leurs rêveries, leurs réflexions et leurs actes. Le poète en somme est transporté *tout autant* par les événements merveilleux que par la prise de conscience qu'il a de ces événements.

Un autre exemple du lieu amène surréaliste concerne le passage de la section « Le papillon » dans la fable « Au lavoir noir »[138]. On se rappelle que le narrateur avait reçu, un soir, la visite d'un grand papillon, qui provoqua chez lui « une terreur indicible à pointe d'émerveillement »[139]. Sans façons, ce papillon s'était posé sur ses lèvres. Le paragraphe qui suit et que je me propose d'analyser se lit en effet comme une révélation que le papillon suscite chez le narrateur; une fois celle-ci terminée, il s'envole à nouveau: « le merveilleux petit bâillon vivant reprit sa course »[140], et le narrateur, dont les lèvres sont libérées, de poursuivre son histoire. Le passage en question a le ton des oracles, des messages subliminaux; c'est, au sens poétique, une énigme. À nouveau, le motif, ici de l'élévation du désir enflammé, est constitué par des équivalences entre la femme, le feu et les mots. Des affinités s'installent entre le poète et le papillon, plus précisément entre l'attirance sans limites du papillon pour la lumière au risque même de se brûler quand la source lumineuse est une flamme – ce « désir » du papillon nous est d'ailleurs présenté sous forme hyperbolique comme le désir de

---

137. *Ibid.*, p. 407-408.
138. André Breton, *Au lavoir noir, ibid.,* t. II, p. 670. Le passage commence par « Non. La belle bouteille cachetée des mots […] » et se termine par « se jeter dans la gueule du loup ».
139. *Ibid.*, p. 670.
140. *Ibid.*, p. 670.

se jeter dans la « gueule du volcan » – et celle du poète à l'égard de la femme dont il ne peut s'approcher sans risquer de s'y brûler puisque derrière elle les « degrés brûlent »[141] :

> Non. La belle bouteille cachetée des mots que tu aimes et qui te font mal doit rester enrobée de tulle et tu risquerais à l'élever trop haut de faire flamber à l'intérieur une rose grise. Une jeune femme en transe, chaque fois que s'enflamme la rose grise, apparaît sur un perron dont les degrés brûlent à leur tour derrière elle et c'est autant de paliers du désir que tu n'atteindras plus. La jeune femme, l'immortelle rose grise à la main, fait le tour de la maison qui descend toujours. C'est seulement quand les murs en ont déjà disparu dans le sol qu'elle retourne s'étendre sur le lit de la chambre qui fut la plus haute et que referme instantanément au-dessus d'elle une coupe fraîche de gazon. Toute la maison, reprise alors en montée par un ascenseur insensible, revient dans l'espace à une position légèrement inférieure à celle qu'elle occupait. Le gazon de plus en plus ras n'est plus, tiré aux quatre points cardinaux, qu'un tamis de gaze verte laissant passer dans la nuit le seul parfum aimanté de la rose grise… Adieu. Je repars sur ma roue oblongue, pareille au désir japonais de se jeter dans la gueule du volcan.

La vaine mise en garde initiale de ne pas élever la bouteille d'un vieux vin pleine de mots sous peine de faire brûler la rose grise qu'elle contient débouche sur une apparition fantastique justement parce que ces « mots-rose » que contient la bouteille pourraient s'enflammer. Et c'est une femme *en transe* – aux bords donc de l'abîme – qui apparaît sur le perron d'une maison dont les marches brûlent derrière elle. Pendant que la femme tourne autour de la maison, cette dernière subit des modifications des plus insolites, à l'instar des rochers qui s'ouvrent dans le *Perceval* de Wagner et qui donnent accès au château du Roi Pêcheur. Les murs de la maison lentement s'enfoncent, découvrant, par le haut, l'intérieur[142]; la femme s'allonge dans le lit de la plus haute chambre dont le plafond ouvert se couvre, sur le modèle de la Table d'Emeraude du haut et du bas, d'un gazon. Et pendant que toute la maison revient

---

141. *Ibid.*, p. 670.
142.   Notons que le toit n'est déjà plus sur la maison puisqu'au début de la fable les toits des maisons se sont envolés comme un papillon: « Papillons de nuit, petits toits de la nécessité naturelle à l'œil de paille, à l'œil de poutre! Et vous, toits humains qui vous envolez chaque nuit aussi pour revenir vous poser les ailes jointes sous le compas des dernières étoiles […] », *ibid.*, p. 669.

aussi lentement qu'elle avait disparu, les objets de ce tableau énigmatique, à l'instar des éléments d'un rêve qui parfois à l'approche
de l'éveil deviennent comme évanescent, tendent à perdre de leur
opacité et à se transformer en vapeur, plus précisément, marquant
ainsi le retour au point de départ du poème, en parfum de rose.
L'apparition est sublime: elle est simple et grande. Peu de moyens
sont déployés, mais ceux qui le sont impressionnent. L'événement
se déroule avec lenteur et majesté; les réseaux de sens, qui ne s'épui-
sent guère, tournent autour du désir d'élévation de l'âme sans cir-
conscrire celui-ci d'une manière définitive. Il y a là un mouvement
qui *à la fois* voile et dévoile, qui embrase et qui apaise, qui encercle
et qui libère, qui abaisse tout en élevant. Voilà un événement
sublime qui, si l'on prend le temps de le lire, frappe l'imagination
par l'extrême richesse de ses réseaux et l'extrême simplicité de ses
moyens déployés.

Le lieu amène surréaliste est donc plus riche que le lieu amène
de la tradition. Il provoque le plaisir, mais repose sur le danger de
mort, il émerveille tout en éclairant la conscience. Il est lyrique par
le chant qu'il consacre à la femme, à la poésie et à l'être; il est
sublime par l'équilibre que la voix maintient au dessus de l'abîme.
En fait, le lieu amène surréaliste est un défi, lancé et gagné contre
les forces de l'inhibition et de la destruction, un lieu où le logos et
le mythos se rejoignent à nouveau:

> Je prends mon bien dans les failles du roc là où la mer
> Précipite ses globes de chevaux montés de chiens qui hurlent
> *Où la conscience n'est plus le pain dans son manteau de roi*
> *Mais le baiser le seul qui se recharge de sa propre braise*[143]

De ce fait, on peut considérer les poésies de Breton comme une
épopée, comme les aventures épiques du poète à travers le labyrinthe des événements mentaux, aventure qui n'admet pas de faiblesse: « Et la route de l'aventure mentale / Qui monte à pic / Une
halte elle s'embroussaille aussitôt »[144]; aventure à la fois dangereuse
et exaltante, comme le laisse entendre ce cri de la victoire sur un
ton jubilatoire:

> Ouf le basilic est passé tout près sans me voir
> Qu'il revienne je tiens braqué sur lui le miroir

---

143. André Breton, *Pleine Marge*, *ibid.*, p. 1181. C'est moi qui souligne.
144. André Breton, « Sur la route de San Romano », *Oubliés, ibid.*, t. III, p. 419.

Où est faite pour se consommer la jouissance humaine imprescrip-
tible
Dans une convulsion que termine un éclaboussement de plumes
dorées[145]

2. Les figures de la rupture, de l'élan et du comble

> …le mystère même de la « grandeur » littéraire […]
> reste […] le même pour les Anciens et pour les
> Modernes: c'est un en deçà ou un au-delà du dis-
> cours qui seul peut donner aux figures leur plein et
> grand rendement, mais inversement c'est le plein
> rendement des figures qui est seul à même de les
> faire oublier pour faire voir ce qui le dépasse et ce
> qui importe plus que lui: [voir et faire voir] la chose
> même, naturelle ou surnaturelle.
>
> Marc Fumaroli, « Le grand style », p. 146

Ce sont les figures qui donnent à voir l'invisible, sans elles le
regard porté dans l'au-delà ou l'en-deçà de l'homme ne serait pas
possible. Toutefois, si elles contribuent à mener l'être aux abords
de l'extase, elles s'effacent derrière la lumière qu'elles révèlent parce
qu'elles sont entièrement au service du *pathos*. C'est l'émotion libérée qui investit les figures, et non l'inverse. Le rôle des figures, s'il
est nécessaire à l'avènement du moment sublime, n'en est pas
moins secondaire: dans le sublime, plus que pour le lyrisme encore,
c'est moins la manière de dire qui importe que la chose révélée. Il
s'agit avant tout de bien voir et de bien faire voir et non de bien
dire.

La mission des figures est donc double: faire voir au poète et au
lecteur le sublime. Les figures permettent que ceux-ci vivent la
même expérience, elles sont le support de ce « grand mouvement
sensible par quoi les autres parviennent à être les miens[146]. »

Pour donner à voir l'invisible, il faut des figures qui arrachent
l'être à la vision fondée sur le vraisemblable et le conventionnel. Il
ne convient pas de faire une typologie des figures du sublime, car
ce serait le réduire à un catalogue de procédés, certaines figures
néanmoins se prêtent mieux que d'autres à exprimer la violence,

---

145. André Breton, *Fata Morgana, ibid.,* t. II, p. 1193.
146. André Breton, *Pleine Marge, ibid.,* t. II, p. 1181.

l'arrachement et la vision de l'invisible qu'est le sublime. Il s'agit des complexes figuraux de la rupture, de l'élan et du comble.

Il faut au sublime, qui prend appui sur l'imminence du danger mortel[147] – sentiment de la terreur –, et qui, par la violence du rapt, réussit à nous enlever, à la fois créer le désordre, force déstabilisatrice, l'élan, force soulevante, et le comble, force de saturation. Ces trois formes d'énergie, toutes très représentatives de l'écriture surréaliste, trouvent leur expression par le biais surtout 1) de l'hyperbate, perturbation de l'ordre syntagmatique attendu, tension de la rupture qui nous rappelle par mouvement inverse la force de la jonction; 2) de l'hyperbole, montée fulgurante de la pensée vers le point élevé; 3) de la métaphore, qui rend visible l'invisible, et enfin, 4) de la « symmorie », ré-union de toutes les figures, concentration du dire par surcharge de figures (figure des figures) vers un point du discours.

La métaphore ainsi que le rythme (dont participe la symmorie) sont les procédés du sublime les plus propres à créer l'extase. Le sublime fait appel à l'image et au rythme, notions liantes qu'il partage avec le lyrisme, mais qu'il pousse, contrairement au lyrisme, à leur extrême limite. L'image sublime surgit à la fin de l'élévation comme transport et lien ultimes unissant celui qui est élevé au non-mortel, en lui permettant de rejoindre, durant le temps de la métaphore, sa substance, qui est d'être illuminante. Mais à elle seule l'image ne saurait « contrain[dre] l'auditeur à marcher »[148], il lui faut l'harmonie, la synthèse, le rythme: « le poème quand il est rythme fait advenir le sublime », « le feu du sublime fondant toutes ses composantes ». Ce rythme qui embrase relève chez Breton en grande partie de la période, au sens rhétorique du terme, sur laquelle nous reviendrons en temps utile.

Pour le Pseudo-Longin l'hyperbate[149] est « l'ordre des expressions ou des pensées troublées dans sa suite naturelle, et comme le

---

147. Je m'appuie ici essentiellement sur l'article de Deguy, « Le Grand Dire », *op. cit.*

148. Longin, *Du sublime*, XXXIX. 2.

149. En fait Longin donne de l'hyperbate une définition autre que celle des modernes. La définition que Dupriez propose à la suite de Morier réduit la perturbation syntaxique à un effet d'insistance localisé à la fin de la phrase: « Alors qu'une phrase paraît finie, on y ajoute un mot ou un syntagme qui se trouve ainsi

caractère le plus vrai d'une passion violente»[150]. C'est donner à l'hyperbate un sens large, y voir tout procédé perturbant un ordre «conventionnel» donné, cette perturbation pouvant aller jusqu'à la rupture de construction. Pour Michel Deguy elle est «ruse du désordre qui rend en quelque façon la puissance de la conjonction à l'œuvre»[151]. Elle reflète donc par excellence les forces de dissociation à l'œuvre dans les pulsions. Dans les poèmes en vers de Breton, plutôt que dans ses poèmes en prose, l'hyperbate se joint à la pratique systématique de l'indécision syntaxique due à l'absence de ponctuation. Ainsi par exemple dans l'incipit du poème «Sans connaissance» le troisième vers, fonctionnant comme une sorte de parenthèse, interrompt le déroulement de la phrase en y introduisant un énoncé étranger à l'énoncé initial:

> On n'a pas oublié
> La singulière tentative d'enlèvement
> *Tiens une étoile pourtant il fait encore grand jour*
> De cette jeune fille de quatorze ans[152]

Un exemple similaire dans «Sur la route qui monte et descend» demande à ce qu'on lise les vers dont la construction syntaxique à première vue n'est pas claire, en dégageant une parenthèse que nous indiquons ici par des crochets droits:

> Il n'y a plus d'actrice en tournée dans les wagons blancs et or
> Qui la tête à la portière [justement des pensées d'eau très grandes couvrent les mares]
> Ne s'attende à ce que la flamme lui confère l'oubli définitif de son rôle[153]

Or cette pratique de la parenthèse qui, au sein d'un énoncé, insère un énoncé étranger à l'instar d'une idée ou d'une image qui soudain interrompt le fil d'une pensée est dans quelques poèmes systématisée sur le plan structurel. C'est le cas des poèmes où la

---

fortement mis en évidence». La définition que donne Longin de l'hyperbate est proche de celle de l'anacoluthe: «Rupture de construction syntaxique» (Dupriez). J'utiliserai le terme hyperbate plutôt que celui d'anacoluthe.

150. Longin, *Du sublime, op. cit.*, XXII. 1.
151. Michel Deguy, «Le Grand-dire», *op. cit.*, p. 30.
152. André Breton, «Sans connaissance», *Le Revolver à cheveux blancs, Œuvres complètes, op. cit.*, t. II, p. 95. C'est moi qui souligne.
153. André Breton, «Sur la route qui monte et descend», *ibid.*, p. 68.

graphie des strophes distingue clairement deux voix différentes: comme par exemple pour les poèmes « Quels apprêts », *Fata morgana*, *Ode à Charles Fourier* et « Sur la route de San Romano » que l'on trouve dans l'anthologie *Signe ascendant*.

Dans *L'Air de l'eau*, le poème « *Et mouvement encore [...]* est construit sur un ensemble de ruptures de construction syntaxique qui tiennent en haleine la résolution finale. Le mouvement repose sur celui de la passion amoureuse, avec ses élans et ses retenues, prise de conscience que ce « monde dans un baiser » est le seul monde qui puisse éliminer la honte et instaurer la transparence de l'âme:

> Il [un ami] dit même de cette fausse intuition tyrannique
> Que serait la nostalgie de l'âge d'or
> *[1ère rupture]*
> Mais les événements modernes ne sont pas forcément dépouillés de tout sens originel et final
> Et la rencontre
> Elective vraiment comme elle peut être
> De l'homme et de la femme
> *[2e rupture]*
> Toi que je découvre et qui restes pour moi toujours à découvrir
> *[3e rupture]*
> Les premiers navigateurs à la recherche moins des pays
> Que de leur propre cause
> Voguent éternellement dans la voix des sirènes
> *[4e rupture]*
> Cette rencontre
> Avec tout ce qu'elle comporte à distance de fatal [...]
> Met en branle une série de phénomènes très réels
> Qui concourent à la formation d'un monde distinct
> De nature à faire honte à ce que nous apercevrions
> À son défaut[154]

La rupture peut aussi être d'ordre thématique et influencer ainsi la structure du poème. C'est le cas du poème « Facteur cheval » où le développement d'un thème est à chaque fois brusquement interrompu par un nouveau développement qui prend appui sur un mot du thème précédent: ainsi le développement du thème de la « locomotive » (du 8e au 15e vers[155]) se termine par le mot « escalier »,

---

154. André Breton, *L'Air de l'eau, ibid.*, p. 405.
155. André Breton, « Facteur cheval », *Le Revolver à cheveux blancs, ibid.*, p. 90.

qui devient le nouveau thème (du 16ᵉ au 20ᵉ vers); ce développement du thème de l'«escalier» se termine par le mot «tiroirs» qui à son tour devient le nouveau thème développé (du 21ᵉ au 22ᵉ vers). La structure ici reflète bien le déplacement capricieux du désir, mais aussi les formes inouïes et imprévisibles du palais du Facteur Cheval.

En général, on relève de nombreux cas d'inversions du sujet et du verbe, de mises en relief d'un élément ou d'une partie de la phrase, d'incises, de parenthèses et d'appositions, qui joints à l'apostrophe et aux procédés de la répétition structurent, comme on verra plus loin, la période de la phrase poétique de Breton. Ainsi dans «La Mort rose» au lieu de lire: *«Tu t'égratigneras peut-être à mon épave sans la voir comme on se jette sur une arme flottante parce que j'appartiendrai au vide semblable aux marches d'un escalier» on lit:

> Mon épave peut-être tu t'y égratigneras
> Sans la voir comme on se jette sur une arme flottante
> C'est que j'appartiendrai au vide semblable aux marches
> D'un escalier [...][156]

En ce qui concerne l'hyperbole, Michel Deguy insiste sur le fait qu'elle «est le mouvement selon lequel la pensée s'enlève pour atteindre d'un coup ce point élevé»[157]. Cet arrachement, suivi du saut, doit être naturel, comme insiste le Pseudo-Longin: «Peut-être [...] les meilleures hyperboles [...] sont-elles celles dont on ne voit pas, justement, que ce sont des hyperboles. Une telle chose arrive quand les hyperboles, sous l'effet d'une passion vive, sont prononcées en accord avec l'importance d'une situation critique»[158]. Or, la situation critique du poète face à l'abîme est celle de sa chute, contre laquelle le flot automatique répond par l'incessante force d'élévation des passions qu'elle charrie. Michel Murat affirme ainsi que l'hyperbole dans l'écriture automatique «est tonalité et rythme»[159], c'est elle qui lui donne son allure frénétique. Le mot «grand» se range parmi les fréquences les plus élevées des

156. André Breton, «La Mort rose», *ibid.*, p. 64.
157. Michel Deguy, «Le Grand-dire», *op. cit.*, p. 16.
158. Longin, *Du sublime*, XXXVIII. 3.
159. Michel Murat, «Les lieux communs de l'écriture automatique», *op. cit.*, p. 127.

mots dans la poésie de Breton[160]. L'hyperbole apparaît aussi dans les constructions syntaxiques comme les superlatifs: « Mais le brasier des couronnes et des palmes / S'allume […] *au plus profond* de la forêt »[161], « Il y a ce que j'ai aimé c'est *le plus haut* rameau de l'arbre de corail qui sera foudroyé »[162], « Cette femme devint *si brillante* que je ne pus la voir »[163]; dans les expressions exclusives: « Le grand frigorifique blanc dans la nuit des temps […] Chante pour lui *seul* »[164], « Souris valseuse autour du *seul* lustre qui ne tombera pas »[165], « *Rien n'égale* pour moi le sens de leur pensée inappliquée »[166], « Le premier grain de rosée devançant de loin tous les autres follement irisé contenant tout »[167]; en tant qu'épithète poussée à l'extrême, créant une forte tension sémantique, et par conséquent, émotionnelle: « les chairs éternelles »[168], « l'impossible étoile à une branche »[169], « Une plaie éblouissante »[170], « un orage adorable »[171], « la virginité terrible »[172], « l'immense tremblement des cils »[173] et « la lumière folle »[174]. La description de la « Bête » dans le poème « Guerre » est entièrement sous le signe de l'hyperbole:

> D'en dessous je contemple son palais
> Fait de lampes dans des sacs
> Et sous la voûte bleu de roi
> D'arceaux dédorés en perspective l'un dans l'autre

---

160. Il est remarquable que le mot « grand » atteint les deux cent dix occurrences se situant ainsi au même niveau que les mots « femme » et « faire ».

161. André Breton, « Les Attitudes spectrales », dans *Le Revolver à cheveux blancs*, *Œuvres complètes, op. cit.*, t. II, p. 71. C'est moi qui souligne, ainsi que dans les exemples suivants.

162. André Breton, « Nœud de miroirs », *ibid.*, p. 88.

163. André Breton, « Les Attitudes spectrales », *ibid.*, p. 70.

164. André Breton, « Le Soleil en laisse », *Clair de terre, ibid.*, t. I, p. 188.

165. André Breton, « La Mort rose », *Le Revolver à cheveux blancs, ibid.*, t. II, p. 63.

166. André Breton, « Un homme et une femme absolument blancs », *ibid.*, p. 89. Il s'agit ici de la pensée des prostituées.

167. André Breton, « Écoute au coquillage », *Oubliés, ibid.*, t. III, p. 417.

168. André Breton, « Le Buvard de cendre », *Clair de terre, ibid.*, t. I, p. 171.

169. André Breton, « Angélus de l'amour », *ibid.*, p. 173.

170. André Breton, *Ode à Charles Fourier, ibid.*, t. III, p. 351.

171. André Breton, « Plutôt la vie », *Clair de terre, ibid.*, p. 176.

172. André Breton, « Feux tournants », *ibid.*, p. 178.

173. André Breton, « Légion étrangère », *ibid.*, p. 184.

174. André Breton, « La Mort rose », *Le Revolver à cheveux blancs, ibid.*, t. II, p. 64.

> Pendant que court le souffle *fait de la généralisation à l'infini de celui
> de ces misérables* le torse nu qui se produisent sur la place publique
> *avalant des torches à pétrole* dans une aigre pluie de sous
> Les pustules de la Bête *resplendissent de ces hécatombes de jeunes gens*
> dont *se gorge le Nombre*
> Les flancs protégés par les *miroitantes écailles* que sont les armées
> *Bombées* dont chacune tourne à la perfection sur sa charnière[175]

En ce qui concerne la métaphore, rappelons d'abord qu'elle est (quand elle n'est pas appréhendée comme ornement, c'est-à-dire écart réductible à son premier terme) maintien, par excellence, de la tension: elle désigne à la fois l'opération intellectuelle (d'analogie) et la dénomination nouvelle (le comparant): «Achille est un lion» = «Achille est courageux» *et* «Achille est un monstre de forme animale». La métaphore surréaliste s'intéresse évidemment au monstre, à toute forme extraordinaire; elle subvertit le mécanisme analogique en rendant l'identification du comparé et du comparant problématique, en occultant très souvent le comparé ou alors en rendant le sème commun difficile à déterminer. Pour les Anciens, une bonne métaphore était une flèche tirée au centre de la cible: elle devait être juste, et l'on louait l'adresse de l'archer. Pour Reverdy et Breton, il s'agit avant tout de viser le plus loin possible; or, c'est sur ce point qu'ils rejoignent le Pseudo-Longin, qui remplace l'arc par la catapulte, la justesse par la force, la raison par la passion:

> Car de même que si l'on attache le corps des coureurs, on les empêche de prendre leur élan, ainsi la passion s'indigne de se voir entravée par les conjonctions et autres additions; car elle perd la liberté de sa course, et comme le jet que lui donnerait une catapulte[176].

Ailleurs, il insiste sur la nécessaire audace:

> c'est que, dans le tumulte du transport, par nature, [les passions bien placées et fortes, et le sublime de nature noble] arrachent et poussent en avant tout le reste; et, bien plus, imposent la hardiesse comme tout à fait nécessaire, et ne donnent pas à l'auditeur le loisir de compter les métaphores, tant il partage l'enthousiasme avec l'orateur[177].

---

175. André Breton, «Guerre», *1940-1943, ibid.,* t. III, p. 22-23. C'est moi qui souligne.
176. Longin, *Du sublime, op. cit.*, XXI. 2.
177. *Ibid., op. cit.*, XXXII. 4.

Or cette audace déployée pour atteindre le haut entraîne un manque d'attention pour le *détail*. Le Pseudo-Longin insiste sur le fait que le texte sublime comporte des négligences, et l'on pense aux nombreuses baisses de tension dans les poèmes de Breton, surtout ceux de la première période (*Clair de terre* et *Le Revolver à cheveux blancs*), aux ruptures abruptes de tons, aux passages gauches et lourds où la voix interrompue cherche à se relancer[178]:

> Quant à moi, je sais que les naturels supérieurs sont le moins exempts de défauts; car la surveillance minutieuse en tout fait courir le risque de la petitesse; et dans la grandeur, comme dans l'excessive richesse, il faut que subsiste aussi un peu de négligence. Tandis que les naturels bas et médiocres, je ne sais s'il ne relève pas de la nécessité que, par le fait de ne jamais prendre de risques et de ne jamais aspirer aux sommets, ils restent la plupart du temps impeccables et plus sûrs; les grands, au contraire, bronchent à cause de la grandeur même[179].

La perfection du poète sublime réside avant tout dans la force qu'il est capable de déployer pour s'élever et non pas dans son aptitude à bien composer. Le Pseudo-Longin rappelle un lieu commun: la *techné* ne fait pas le poète. Le poète sublime est celui qui, avec force et détermination, prend des risques.

Jacqueline Chénieux-Gendron propose une classification des images surréalistes données par Breton dans le premier manifeste[180] fondée sur l'effet qu'elles produisent sur le lecteur[181]. Quand l'image surréaliste éveille la sidération, c'est qu'elle repose «sur le jeu de l'absurde et du non-sens» (*adynata* des poésies grecque et latine, fatrasie du moyen âge, pataphysique du XXe siècle), c'est le cas par exemple de la phrase de Max Morise: «La couleur des bas d'une femme n'est pas forcément à l'image de ses yeux, ce qui a fait

---

178. Ainsi par exemple dans le poème «Tournesol» (*Œuvres complètes, op. cit.*, t. I, p. 187) «Une ferme prospérait en plein Paris […] Mais personne ne l'habitait encore à cause des *survenants / Des survenants qu'on sait plus dévoués que les revenants*» ou alors dans le poème «Camp volant» (*ibid.*, t. II, p. 64) l'incipit laborieux: «Le Jugement *dernier* avait été suivi d'un *premier* classement / Puis d'un *second* auquel prenaient part *les vents et les marées / Les vaux et les monts /* Et ceux qui avaient vécu *par monts et par vaux /* Contre *vents et marées*». C'est moi qui souligne.

179. Longin, *Du sublime, op. cit.*, XXXIII. 2.

180. André Breton, *Manifeste du surréalisme*, dans *Œuvres complètes, op. cit.*, t. I, p. 339.

181. Jacqueline Chénieux-Gendron, «Plaisirs de l'image», *op. cit.*, p. 86-88.

dire à un philosophe qu'il est inutile de nommer: «Les céphalo-
podes ont plus de raisons que les quadrupèdes de haïr le progrès»».
Quand l'image surréaliste éveille le plaisir, il s'agit d'images qui
contiennent «une dose énorme de contraction apparente», comme
«le rubis du champagne» (Lautréamont), ou qui sont «d'ordre
hallucinatoire» – ainsi le vers célèbre d'André Breton qu'il a légè-
rement arrangé par rapport au vers initial: «Sur le pont la rosée à
tête de chatte se berçait»[182]. La première image illustre le processus de déplacement par double métonymie: «le champagne qui a
«de l'éclat» (du bruit) devient comme un rubis (couleur)»[183]. La
seconde image relève à proprement parler du «stupéfiant», de «la
conjonction immédiate: nuit/surcroît de sens»[184], elle tient de
l'énigme. En effet cette «nuit de la représentation», cet «aveuglement du sensible» qui débouche sur «la longue étincelle de l'illumination»[185] équivaut à ce que Jean-Luc Nancy dit de l'imagination confrontée au sublime dans la perspective de Kant:
«L'imagination se déborde, voilà le sublime. Ce n'est pas qu'elle
imagine au-delà de son *maximum* […]. Elle n'imagine plus, et il
n'y a plus rien à imaginer. […] "L'imagination, écrit Kant, atteint
son maximum, et dans l'effort pour le dépasser elle s'abîme en elle-
même, et ce faisant est plongée dans une satisfaction émou-
vante"»[186]. L'image surréaliste, celle qui résiste à l'œil, la vision
non-vision, est *un* des fruits de l'expérience limite de l'imagination, source de plaisir qui se nourrit de la terreur de l'aveuglement
et de l'évanouissement des possibilités de l'homme.

Les images surréalistes, dites hallucinantes, ne sont guère fré-
quentes; elles sont à proprement parler des perles rares que le poète
parvient à voler au fond de l'être. Je me propose de relever
quelques-unes de ces images stupéfiantes: Dans «Feux tournants»
apparaissent «Les grandes fusées de sève au-dessus des jardins
publics»[187]; dans «La Mort rose», surgit un train «fait de tortues

182. Dans le poème «Au regard des divinités» du recueil *Clair de terre*, il s'agit
de deux vers: «Sur le pont, à la même heure, / Ainsi la rosée à tête de chatte se
berçait», *Œuvres complètes, op. cit.,* t. I, p. 172.
183. Jacqueline Chénieux-Gendron, «Plaisirs de l'image», *op. cit.*, p. 87.
184. *Ibid.*, p. 88.
185. *Ibid.*, p. 88-89.
186. Jean-Luc Nancy, «L'Offrande sublime», *op. cit.,* p. 58.
187. André Breton, «Feux tournant», *Clair de terre, Œuvres complètes, op. cit.,*
t. I, p. 178.

de glace »[188]; le désespoir prend l'inouïe forme d'un « bateau criblé de neige »[189]; plus déroutante que fulgurante, l'image dans le vers suivant tiré du poème « Rideau rideau » : « J'étais séparé de tout par le pain du soleil »[190]; dans *L'Air de l'eau* : « L'air était une splendide rose de couleur de rouget »[191]; dans le poème « Monde » on peut se mirer dans des miroirs qui « sont en grains de rosée pressés »[192]; franchement de l'ordre du fantastique cette interrogation, qui a toutes les allures de l'interrogation rhétorique : « Est-ce l'amour ces doigts qui pressent la cosse du brouillard / Pour qu'en jaillissent des villes inconnues aux portes hélas éblouissantes »[193]; l'ensemble des discours dans *Les États généraux* est tributaire, non seulement, des nombreuses coupures d'électricité dont souffrait la ville de New York ainsi que d'une phrase automatique entendue au réveil, mais également d'une délicate « araignée-fée de la cendre à points bleus et rouges »[194]; enfin, citons un développement plus ample de l'image surréaliste sur le modèle du phénix :

> Le beau sillage partant du cœur innerve les trois pétales de base de l'immense fleur qui vogue se consumant sans fin pour renaître dans une flambée de vitraux[195].

L'hyperbate, l'hyperbole et la métaphore sont parmi les figures les plus marquantes du sublime. Mais il en existe une qui englobe toutes les figures, et qui relève du comble, de la saturation. Le Pseudo-Longin en effet introduit dans son traité du sublime une notion particulièrement dynamique. Il s'agit de la « symmorie », qui désigne au sens littéral un groupe de citoyens athéniens auxquels est imposée une contribution. Cette figure, qui se définit comme « la figure des figures », reflète un état paroxystique des passions : « le concours des figures vers le même point met ordinairement en branle, de la manière la plus forte, les passions, quand deux ou trois de ces figures mêlées comme en symmorie, se prêtent les

---

188. André Breton, « La Mort rose », *Le Revolver à cheveux blancs, ibid.,* t. II, p. 64.
189. André Breton, « Le Verbe être », *ibid.*, p. 75.
190. André Breton, « Rideau, rideau », *ibid.*, p. 91.
191. André Breton, *L'Air de l'eau, ibid.*, p. 401.
192. André Breton, « Monde », *1935-1940, ibid.*, p. 1240.
193. André Breton, *Fata morgana, ibid.*, p. 1190.
194. André Breton, *Les États généraux, ibid.,* t. III, p. 34.
195. André Breton, « Femmes au bord d'un lac à la surface irisée par le passage d'un cygne », *Constellations*, dans *Signe ascendant, op. cit.*, p. 161.

unes aux autres force, persuasion, beauté [...]»[196]. Cette concentration de plusieurs figures en vue de faire surgir le sublime a été relevée par Jean-Marie Klinkenberg à propos de la métaphore surréaliste filée: «le filement de la métaphore [surréaliste] engendre [...] un réseau de tropes extrêmement dense [...]»[197] qui démultiplie les rapports entre les différents plans isotopiques. Il attire ainsi l'attention sur le fait que le texte surréaliste met en valeur une loi systématique d'équivalence et de réversibilité au niveau des mécanismes métaphorique, métonymique et synecdochique de la production textuelle – loi sous le couvert du «signe ascendant» devrait-on ajouter – par opposition à une somme finie de rapports instaurant une représentation stabilisée. C'est dire autrement l'excès de sens que provoque l'image surréaliste. Quant à Marc Fumaroli, il définit justement la figure des figures comme étant le sublime: «La figure des figures est *cela même* que les figures sont là pour 'faire voir', et c'est *cela* qui, rétroactivement, impérieusement, colore et modifie les figures qui l'évoquent»[198]. Voir «les arêtes du soleil / À travers l'aubépine de la pluie» est un moment sublime où l'imagination n'imagine plus, ne met plus en image selon des modèles connus, elle devient pur «mouvement encore / Mouvement rythmé par le pillage de coquilles d'huître et d'étoiles rousses»[199]. En s'approchant ainsi du néant dans lequel le sens à la fois s'abîme et éclate en mille morceaux, l'imagination dévoile sa manière de procéder: l'esprit, ne pouvant plus *reconnaître* un sens derrière un assemblage de mots, oscille entre la terreur de se perdre, le plaisir que provoque cette gerbe de sens et le désir de comprendre ce qui se passe. L'imagination sublime, comme le remarque Jean-Luc Nancy, vaut pour le dévoilement non de «ses produits», mais de «son opération»[200], du jeu complexe des pulsions.

L'imagination sublime (re)dynamise chez le lecteur les processus primaires de l'inconscient: en cela même elle agit sur l'être, elle *touche* notre être au sens plein du terme, non avec adresse, mais

196. Longin, *Du sublime, op. cit.*, XX. 1.
197. Jean-Marie Klinkenberg, *Essai de sémantique littéraire,* Toronto, Gref, coll. «Theoria n° 1» et Bruxelles, Les Éperonniers, 1990, p. 132.
198. Marc Fumaroli, «Le grand style», *op. cit.*, p.147.
199. André Breton, *L'Air de l'eau, Œuvres complètes, op. cit.,* t. II, p. 404.
200. Jean-Luc Nancy, «L'Offrande sublime», *op. cit.,* p. 57.

avec violence, avec force et au plus profond, le plus « loin » possible. Après le choc de la violence contre le bon sens, c'est le plaisir de sentir l'éveil, sur fond de chute du sens, de l'aventure merveilleuse pleine d'inquiétantes et de fascinantes possibilités d'exploration de nos capacités.

La symmorie trouve toute sa force de frappe si l'on l'inclut dans la question du rythme sublime telle qu'elle se pose à travers la période[201] de la phrase bretonienne. Le Pseudo-Longin insiste sur le fait que la grandeur résulte dans le discours de la réunion de tous ses membres en un « corps harmonique » que la période est le plus à même de produire:

> Pour ce qui fait surtout la grandeur des discours, il en est comme des corps, c'est l'articulation des membres; aucun d'eux, en effet, s'il est séparé d'un autre, n'a en lui-même de valeur; mais tous pris ensemble, les uns avec les autres, réalisent une structure achevée. Il en est ainsi des expressions élevées; […] si elles sont constituées en corps par leur réunion, et qu'elles sont en plus enserrées par le lien de l'harmonie, elles sont douées de la parole par l'effet même du tour; et c'est un fait généralement vérifié que dans les périodes la contribution de nombreux éléments constitue la grandeur[202].

Gracq distingue deux types de période: l'une, « *conclusive* », tend, dès l'élan de la protase, lieu de l'ouverture aux possibles, à ramener les membres vers la conclusion de la phrase – son défaut est une « sclérose contagieuse » qui étouffe l'élan; la seconde, « *déferlante* », se caractérise par le fait de tenir coûte que coûte l'élan de la protase le plus longtemps possible, à « surfer » sur la crête de la vague, « à se cramponner à la crinière d'écume avec un sentiment de liberté, à la suivre partout où la mène un dernier sursaut de vie, un influx privilégié de propulsion »[203]. La phrase de Breton appartient

---

201. H. Lausberg indique que la période se construit sur un mouvement alternatif de tension (protase) suivi de détente (apodose) selon un régime de coordination (« Il est vrai que…, mais… ») ou de subordination (« Si…, alors… »). En général, elle forme un sens complet. La protase et l'apodose sont composées d'un ou de plusieurs « membres » qui au minimum comportent trois mots, et d'une ou plusieurs césures qui comportent quant à elles trois mots ou moins. Il existe des périodes à deux, trois et quatre membres; au-delà on parle d'une période qui *déborde*. *Cf., Elemente des literarischen Rhetorik, op. cit.*, paragraphes 452 à 456.
202. Longin, *Du sublime, op. cit.*, XL. 1.
203. Julien Gracq, *André Breton, Quelques aspects de l'écrivain*, dans *Œuvres complètes*, t. I, *op. cit.*, p. 484 et 485.

à ce deuxième type de période qui restreint l'apodose qui « n'est que la traduction de cette volonté d'élan libre prolongé et suivi jusqu'à son ultime déferlement »[204]; elle est jusqu'au dernier moment, « sinueuse, méandreuse, en éveil, [...] attirant à elle comme un aimant tout ce qui flotte aux alentours de plus subtilement magnétisé »[205]; elle est « une de celles (et c'est peu dire) qui craignent le moins d'*accrocher* »[206]. Dans *Les États généraux*, toute une section du poème introduite par le mot « toujours » développe sur le ton du reproche et de la contestation l'idée que le monde n'admet pas que la quête de la liberté passe par le rejet de la chaîne causale, plus précisément par l'acceptation que la conscience de l'homme est multiple, que sa diversité est constamment changeante, que l'imagination prime sur la mémoire et que le risque à prendre est vital à l'homme. La phrase de Breton maintient la tension par la répétition lyrique de propositions comparatives, lieux de l'indignation et de la contre-argumentation que l'on perçoit poétiquement non close:

> C'est qu'on croie pouvoir frapper de grief l'anachronisme
> Comme si sous le rapport causal à merci interchangeable
> Et à plus forte raison dans la quête de la liberté
> À rebours de l'opinion admise on n'était pas autorisé à
> tenir la mémoire
> Et tout ce qui se dépose de lourd avec elle
> Pour les sous-produits de l'imagination
> *Comme* si j'étais fondé le moins du monde
> À me croire moi d'une manière stable
> *Alors qu*'il suffit d'une goutte d'oubli ce n'est pas rare
> *Pour qu*'à l'instant où je me considère je vienne d'être tout autre et
> d'une autre goutte
> Pour que je me succède sous un aspect hors de conjecture
> *Comme* si même le risque avec son imposant appareil de tentations
> et de syncopes
> En dernière analyse n'était sujet à caution[207]

La période de la phrase bretonienne touche au plus près le mouvement psychique du « voir et faire voir » le point sublime, comme

204. *Ibid.*, p. 486.
205. *Ibid.*, p. 486.
206. *Ibid.*, p. 487.
207. André Breton, *Les États généraux*, *Œuvres complètes, op. cit.*, t. III, p. 29. C'est moi qui souligne.

le souligne Gracq: sur «cette crête périlleuse»[208], «la tâche de l'écrivain est [...] de faire participer autant que possible le lecteur à la genèse même de la phrase [...] de le faire participer au même sentiment de tâtonnement tout à coup illuminé par la trouvaille pure qui a été la sienne»[209].

C'est évidemment à la phrase classique et à son éloquence que l'on pense, mais métamorphosée en prose poétique, comme le remarque encore Gracq: «cette carcasse de prose classique n'est plus qu'un trompe-l'œil, une croûte mince entièrement rongée de l'intérieur par un flux insolite de poésie»[210]. Les poèmes de Breton la plupart du temps ont le même ton éloquent que ses écrits en prose, en plus, bien entendu, d'une haute charge poétique qui tire d'autant plus la période vers les débordements de la voix surréaliste. L'éloquence, tout en évitant le déploiement d'arguments discursifs, se déploie en s'appropriant les règles de l'*actio,* c'est-à-dire, comme l'affirme Odile Bombarde, «en restituant à la langue de la prose la variété des intentions, des gestes, des brusques réticences, des hésitations, des désirs de nuancer, de la force d'impression que peut communiquer quelqu'un qui parle à autrui»[211]. Le lecteur est constamment sollicité, comme s'il assistait en personne à la naissance du poème. Le poème «Sur la route qui monte et descend» se lit, par exemple, comme une sorte de panégyrique ou de prosopopée fabuleuse du feu sur fond d'interrogation (a), d'apostrophe (b), d'hypotypose (c), de malédiction (d) et d'invocation (e):

(a) *Dites-moi où s'arrêtera la flamme*
Existe-t-il un signalement des flammes
Celle-ci corne à peine le papier
Elle se cache dans les fleurs et rien ne l'alimente
[...]
La poussière endort les femmes en habit de reines
Et la flamme court toujours
C'est une fraise de dentelle au cou d'un jeune seigneur
C'est l'imperceptible sonnerie d'une cloche de paille [...]

---

208. Julien Gracq, *André Breton, op. cit.*, p. 485.
209. *Ibid.*, p. 506.
210. *Ibid.*, p. 478.
211. Odile Bombarde, «André Breton, la rhétorique pour ou contre la poésie», dans *Poésie et rhétorique*, Paris, collection «Pleine Marge», Lachenal et Ritter, 1997, p. 213.

C'est l'hémisphère boréal tout entier
[…]
Et cette chevelure qui ne s'attarde point à se défaire
Flotte sur l'air méduse C'est la flamme
Elle tourne maintenant autour d'une croix
(b) *Méfiez-vous elle profanerait votre tombe*
[…]
Où va-t-elle je vois se briser les glaces de Venise […]
(c) *Je vois s'ouvrir des fenêtres* […]
(d) *Malheur à une flamme qui reprendrait haleine*
[…]
(e) *Flamme d'eau guide-moi jusqu'à la mer de feu*[212]

Le poème en prose « La Forêt dans la hache » se présente sous la forme d'un discours philosophique autour de la difficulté de vivre. Sur fond de désespoir dans la veine du « Verbe être » – « Je connais le désespoir dans ses grandes lignes. » – le ton principal de ce poème en prose repose sur la gradation de passions, alterne progression ascendante (fureur) et descendante (regret). Le poème donne à lire l'expression d'un moi particulièrement déchiré entre plusieurs états émotionnels qui évoquent à la fois la confession, la résolution, la sommation, le délire et le regret. Il semble nous dire que le lieu amène, ici, la « forêt » surréaliste, se gagne parfois à coup de hache.

La confession :

On vient de mourir mais je suis vivant et cependant je n'ai plus d'âme. Je n'ai plus qu'un corps transparent à l'intérieur duquel des colombes transparentes se jettent sur un poignard transparent tenu par une main transparente.

La résolution :

C'est l'heure d'en finir avec cette fameuse dualité qu'on m'a tant reprochée. Fini le temps où des yeux sans lumière et sans bagues puisaient le trouble dans les mares de la couleur.

La sommation mêlée à la fureur :

En voilà assez. Du feu ! Du feu ! Ou bien des pierres pour que je les fende, ou bien des oiseaux pour que je les suive, ou bien des corsets

---

212. André Breton, « Sur la route qui monte et descend », *Le Revolver à cheveux blancs, Œuvres complètes, op. cit.,* t. II, p. 68-70. C'est moi qui souligne.

pour que je les serre autour de la taille des femmes mortes, et qu'elles ressuscitent, et qu'elles m'aiment, avec leurs cheveux fatigants, leurs regards défaits! [...]

Le délire:

Allô, le gazon! Allô, la pluie! C'est moi l'irréel souffle de ce jardin. La couronne noire posée sur ma tête est un cri de corbeaux migrateurs car il n'y avait jusqu'ici que des enterrés vivants, d'ailleurs en petit nombre, et voici que je suis le premier *aéré mort*. Mais j'ai un corps pour ne plus m'en défaire, pour forcer les reptiles à m'admirer. Des mains sanglantes [...]

Le regret:

Je n'ai plus d'ombre non plus. Ah mon ombre, ma chère ombre. Il faut que j'écrive une longue lettre à cette ombre que j'ai perdue. Je commencerai par Ma chère ombre. Ombre, ma chérie. Tu vois. Il n'y a plus de soleil. [...] Il n'y a plus qu'une femme sur l'absence de pensée qui caractérise en noir pur cette époque maudite. Cette femme tient un bouquet d'immortelles de la forme de mon sang[213].

La période de la phrase bretonienne est un jeu de tension et de détente entre les procédés plus spécifiques au sublime et ceux plus spécifiques au lyrisme. Les poèmes de Breton développent à un haut degré la fusion des structures de la répétition et du développement avec les structures de la rupture. L'élan lyrique, qui est commun à tous les poètes, trouve ainsi chez Breton toute la force nécessaire pour « densifier » la voix à tel point que les figures, par surcharge, font basculer l'imagination et la conscience de l'homme dans un lieu où le sens à la fois s'abîme et renaît, plus riche et diversifié qu'il ne l'était.

Parmi les moments sublimes les plus percutants provoqués par cette surcharge, se rangent les poèmes qui créent, dans leur développement, une tension qui ne trouvera sa conclusion qu'au dernier instant, comme si tout le poème ne tendait que vers son apodose pour laisser éclater le sublime dans toute sa force[214]. Ces clausules, à chaque fois, sont d'une simplicité désarmante et rendent

---

213. André Breton, « La Forêt dans la hache », *ibid.*, p. 78-79.
214. Certains poèmes, comme *Fata morgana* et *Les États généraux*, par exemple, sont composés de plusieurs de ces types de développement.

compte d'une manière parfaite d'une des principales qualités du sublime qui est d'éviter l'enflure, comme le rappelle Alain Michel: « C'est la simplicité qui constitue le langage même du divin et de l'enthousiasme »[215].

Pour conclure, je donnerai en guise d'exemple de ce mouvement d'élévation qui est très fréquent dans la poésie de Breton une brève analyse du poème « Vigilance »[216] d'où est tiré cette exclamation. Tous les éléments de ce poème tendent à mettre en valeur l'acmé du poème, la clausule: « Je ne touche plus que le cœur des choses je tiens le fil ». Cette victorieuse exclamation a nécessité, de la part du poète, le passage à travers l'épreuve du feu. Le changement d'état physique qu'entraîne l'embrasement du corps lui permet d'entrer dans l'arche et d'échapper ainsi à la noyade de l'être qui guette sous le déluge du flot de la voix automatique. Ce poème est donc structuré en deux temps: un long développement, parfaitement compréhensible, du type récit de rêve, utilisant avec beaucoup de tact les formes de la répétition associée à une élévation qualitative du réseau sémantique, mène à la vision de l'invisible où opère la symmorie.

Vigilance

À Paris la tour Saint-Jacques chancelante
Pareille à un tournesol
Du front vient quelquefois heurter la Seine et son ombre glisse
imperceptiblement parmi les remorqueurs
À ce moment sur la pointe des pieds dans mon sommeil
Je me dirige vers la chambre où je suis étendu
Et j'y mets le feu
Pour que rien ne subsiste de ce consentement qu'on m'a arraché
Les meubles font alors place à des animaux de même taille qui me
regardent fraternellement
Lions dans les crinières desquels achèvent de se consumer les chaises
Squales dont le ventre blanc s'incorpore le dernier frisson des draps
À l'heure de l'amour et des paupières bleues
Je me vois brûler à mon tour je vois cette cachette solennelle de riens
Qui fut mon corps

---

215. Alain Michel, « Rhétorique et poétique: la théorie du sublime de Platon aux modernes », *op. cit.*, p. 281.
216. André Breton, « Vigilance », *Le Revolver à cheveux blancs, Œuvres complètes, op. cit.*, t. II, p. 94.

Fouillée par les becs patients des ibis du feu
Lorsque tout est fini j'entre invisible dans l'arche

À partir de ce moment et jusqu'à la fin du poème, on est dans le «point sublime», cette arche qui sauve l'être de la noyade du déluge verbal. Cette zone, introduite par l'image surréaliste «Je vois les arêtes du soleil / À travers l'aubépine de la pluie» se démarque par une densité élevée de figures à l'origine du profond saisissement qui nous envahit devant cette vision: ce sont ruptures syntaxiques et sémantiques, hyperbole, répétitions et métaphores surréalistes condensées en quelques vers, qui se terminent triomphalement sur l'exclamation sublime du poète fier d'avoir su voir: «Je ne touche plus que le cœur des choses je tiens le fil». L'on constatera, par ailleurs, que les images surréalistes n'apparaissent qu'au moment où le feu commence à agir: fond et forme constituent une unité qui, avec le rythme d'attaque et de répétitions, de tensions et de détente, crée l'effet sublime, qui est l'union de tous les éléments du poème:

Sans prendre garde aux passants de la vie qui font sonner très loin leurs pas traînants
Je vois les arêtes du soleil
À travers l'aubépine de la pluie
J'entends se déchirer le linge humain comme une grande feuille
Sous l'ongle de l'absence et de la présence qui sont de connivence
Tous les métiers se fanent il ne reste d'eux qu'une dentelle parfumée
Une coquille de dentelle qui a la forme parfaite d'un sein
Je ne touche plus que le cœur des choses je tiens le fil

Conclusion

La poésie de Breton s'inscrit dans la tradition du sacré, à l'intérieur de laquelle elle relève de la possession. C'est bien à une poésie de la passion que nous avons affaire, d'une passion qui s'exprime dans la fureur et l'éblouissement de l'être. C'est par le bouleversement du sens, par le « travail » sur le langage, à savoir, par une pratique moralisée de l'automatisme, que Breton mène l'être au « point sublime ». Le poème bretonien est l'expression langagière des passions les plus enfouies de l'être, expression fondée sur un double mouvement psychique: de *mise à jour* des désirs dont la liberté d'action est seule restreinte par les exigences éthiques du « signe ascendant » ainsi que par les modalités formelles ou axiologiques régulant le flot automatique, mais aussi, de *volonté* d'atteindre, par ce laisser-faire sous contrôle, un état psychique extatique, volonté sans laquelle le poème ne se distinguerait guère d'une séance psychanalytique.

Le « point sublime », ce « haut-dire » surréaliste, tient de l'exploration de la part profonde de l'être. Préparé mentalement, le poète descend dans le gouffre de son âme pour mieux s'élever, pour s'y découvrir et découvrir le monde. Les questions techniques deviennent dans ce contexte accessoires, il lui suffit d'être exercé aux nouvelles règles qui ne relèvent plus de l'*elocutio* mais de l'*inventio*. Ce qui est important pour ce geste de création, c'est que cette « descente en enfer » ne se transforme pas en cauchemar et qu'elle débouche sur une révélation de soi. Pour ce faire, le poète s'applique à une éthique particulière qui s'inscrit dans la longue tradition de la quête de l'amour, du bonheur et de la pureté de l'âme, telle que l'on la retrouve dans certains courants de l'Antiquité, de l'ésotérisme ou encore du romantisme. L'éthique surréaliste tient en grande part de cette nécessité telle que Breton l'a développée tout au long de sa vie. Ce n'est qu'en étant armé moralement que le poète peut affronter les monstres de l'abîme et éviter de s'y perdre. L'expérience de l'abîme se transforme ainsi, grâce à la force morale du poète, en expérience de la révélation, qui relève de la libération d'une grande émotion capable de bouleverser durablement l'être, d'influencer son comportement et sa manière de percevoir le monde. Il s'agit donc d'une expérience révélant l'homme à lui-même, participant à sa manière à l'exploration des zones obscures de l'esprit humain, expérience préalable, pour le surréalisme, à toute action politique, essence même de sa dynamique révolutionnaire. Cette expérience particulière de la révélation, qui transforme la terreur de la chute en plaisir, fruit d'une sublimation radicale opérée par notre psychisme, – je m'enfonce pour mieux m'élever! –, tient de l'équilibre instable du « point sublime ». De l'affrontement des contraires qui sous la tension ne s'annulent pas mais conservent leur identité, jeu entre force de la disjonction et force de la conjonction, naît le lieu amène surréaliste, version surréaliste de la synthèse hégélienne des contraires, qui, tout en s'appuyant sur le néant, crée une zone *événementielle intime fabuleuse* où l'homme trouve l'énergie pour se ressourcer. L'excès de sens que provoque la mise sous tension des contraires ne se limite pas au jaillissement soudain d'une pluralité de sens, au contraire, de ce chaos surgit un ordre, et qui est celui du « point sublime » même, « champ tensif », force vitalisante, équilibre mental de l'être sur le fil de la terreur et du plaisir, lieu intime où le « je » devient « un opéra fabuleux », lieu de la coïncidence où le présent, le passé et le futur, où la mémoire et la perception sont saisis *en même temps* par l'imagination, lieu épique, enfin, où l'être fait l'expérience formatrice et exaltante des capacités de son esprit, perçues avec enthousiasme comme essentielles et illimitées.

L'écriture automatique, telle que la pratique Breton, relève donc bien d'une poétique du « voir » et du « faire voir », d'une poétique de l'initiation au monde surréel et de la quête du « point sublime », *épopée sacrée* de l'esprit humain à travers son propre labyrinthe. Tout est mis en œuvre pour bien « voir », et voir haut, aux endroits les plus extrêmes, les plus vertigineux pour la conscience. Contrairement à la poésie d'un Eluard, par exemple, qui tire son charme d'un jeu subtile sur le vacillement de la conscience, chant d'amour de la vie et de la femme donné en longeant au plus près le précipice, les pieds sur la terre ferme au risque toutefois de glisser à chaque pas, la poésie de Breton, elle, réalise l'acte de foi absolu qui est celui, non pas de longer, mais de franchir l'abîme et de marcher au-dessus de lui sur un fil invisible, de quitter la terre ferme pour réaliser le saut des coursiers divins, quitte à sombrer dans l'abîme, quitte à retomber sur ses pas sans la révélation escomptée. C'est en ce sens que le chant lyrique de Breton est fondamentalement sublime. Nous avons pu voir que le fil invisible est, dans la poésie de Breton, le fruit d'une éthique tissée dans le fil même de l'écriture automatique. Ce qui guide le poète lors de l'exploration de l'inconscient n'est pas la sibylle de Cumes, comme c'est le cas chez Énée, ni le poète Virgile chez Dante, ni le spectre chez les romantiques et Hugo mais bien, chez Breton, le discours automatique même du poème en quête du « point sublime » et de « l'amour fou ». En ce sens nous pouvons comprendre l'importance accordée par Breton aux phrases automatiques entendues avant l'éveil – celles donnant justement le *la*. La qualité des poèmes de Breton se mesure à l'aune de cette tension et leur tonalité repose sur la présence plus ou moins développée de trois états de consciences qui marquent cette quête du poète à travers l'enfer des pulsions. Il y a d'abord la *conscience surréelle* et son pouvoir régénérateur, à laquelle sont liées les émotions de l'enthousiasme et de la terreur, de l'angoisse et du plaisir, voire de l'extase, puis, la *conscience de la déchirure ontologique* de l'homme d'avec ce monde désiré quand cet état psychique de la surréalité se dérobe, les émotions de la colère ou du désespoir, plus rarement de la lamentation, traversent dès lors les poèmes, et, enfin, la *conscience neutre de l'attente* qui, elle, se démarque des autres par l'état d'indifférence du poète-scripteur guettant, à travers ces longues périodes de germination du procédé créatif propre à l'écriture automatique, la révélation de la voix magique.

Tout est mis en œuvre également pour bien « faire voir » : discours théoriques, sommations, manifestes, déclarations, notes, de nombreux textes dits « prosaïques » de Breton définissent les conditions d'accès à sa poésie et, en outre, la poésie elle-même est jalonnée de signes innombrables qui permettent de mieux en entendre ses charmes. À l'instar des sibylles, des shamans et des prêtres, qui, possédés par la révélation du pays des morts, mettent en place une éthique (rites, exercices spirituels, ascèse) afin de préparer l'être à affronter les monstres de l'angoisse, Breton, enthousiasmé par sa découverte, invite le lecteur à le suivre sur cette pente abrupte qui, paradoxalement, s'élève lorsqu'on descend en soi. Et c'est ici que naissent bien entendu les sentiments d'empathie et de rejet à son égard. La typologie axiologique du bon ou du mauvais lecteur que met en place l'*Art poétique* de Breton et de Schuster, à priori étonnante dans le domaine littéraire et artistique, n'est pas sans rappeler la discrimination des âmes que l'on retrouve dans toutes les grandes religions qui ont instauré leur quête du divin sur le régime des récompenses et des châtiments, et souligne ainsi que la source originelle de l'art s'inscrit dans l'espace du sacré. La poésie de Breton n'est pas un jeu de l'esprit, ni le fruit d'un travail intellectuel, ni l'épanchement d'un sentiment, elle engage, au contraire, toutes les facultés de l'être, et demande, pour la saisir, que l'on s'y abandonne mais aussi que l'on s'y exerce, que l'on maintienne sans faillir l'attention. En cela, elle est tout aussi exigeante, mais d'une manière foncièrement différente, que la poésie de Mallarmé ou de Valéry, qui s'adresse à l'entendement de l'intellect. Dynamique de l'inconscient, le poème de Breton nous touche comme un rêve de nuit qui nous a ébranlé: aussi mystérieusement bouleversant, aussi mystérieusement agissant en nous. Cette communion secrète s'établissant entre le poème et notre être s'explique dans la mesure où nous nous trouvons à chaque fois, pour le poème comme pour le rêve, dans un même contexte créatif qui est celui de la mimésis des procédés primaires de l'inconscient. L'échec de la lecture – le poème se dérobe à mon entendement – incombe au lecteur luimême. Breton, prend, en effet, et le présent essai en rend également compte, tout aussi bien soin de « faire voir » que de « voir »: il dégage clairement les règles et les conditions pour que sa poésie soit en mesure de toucher le lecteur au plus profond de son intimité. Sa visée est d'écarter en nous tout mécanisme inhibiteur de la liberté d'esprit. Son désir est d'éveiller le point sublime qui sommeille en tout un chacun et de nous montrer le chemin qui y mène. Telle se définit l'esthétique des poèmes de Breton: le sentiment du beau est ici manifestement lié, non à la forme, mais à la naissance d'une émotion dont la puissance est comparée par Breton lui-même à celle d'une éruption volcanique: beauté et sublime en un point brûlant se rejoignent ici. Ce qui provoque le sentiment du beau à la lecture maîtrisée des poèmes de Breton n'est pas l'harmonie des formes, mais le chaos des formes ordonné par le laisser-faire sous tension des passions de la grandeur d'âme – monde contemplé et donné à contempler, merveilleux en ce qu'il est à la fois familier et étrange, source de nostalgie et de plénitude retrouvée, monde qui s'ouvre soudain à l'esprit par une des nombreuses brèches imprévisibles, et qui éveille notre psyché à l'émerveillement, comme Breton le souligne par quelques vers d'une simplicité sublime tirée des *États généraux*:

> Un arc de brume [...] s'ouvre sur deux éventails de martin-pêcheur
> [...]
> C'est par là qu'on entre
> On entre on sort
> On entre
>   on ne sort pas[217]

---

217. André Breton, *Les Etats généraux*, dans *Œuvres complètes, op. cit.*, t. III, p. 33.

Bibliographie

1. OUVRAGES

— Apulée, *Les Métamorphoses ou L'Ane d'or,* traduction de Paul Valette, Paris, Les Belles-Lettres, 1947.
— Louis Aragon, *Le Paysan de Paris*, Paris, Gallimard, coll. « Folio », 1953 [c1926].
— Aristote, *La Poétique*, intr., trad. et annot. de Michel Magnien, Paris, Le Livre de poche, 1990.
— Gaston Bachelard, *La Terre et les rêveries de la volonté*, Paris, Corti, 1948.
— L'abbé Batteux, *Cours de Belles-lettres distribué par exercices*, Genève, Slatkine Reprints, 1967, réimpression de l'édition de 1775.
— Henri Béhar, *André Breton, Le grand indésirable*, Paris, Calmann-Lévy, 1990.
— Yvon Belaval, *Digressions sur la rhétorique* suivi de *Lettre d'un apprenti*, préface de Marc Fumaroli, Paris, Ramsay, 1988.
— Marguerite Bonnet, *André Breton, Naissance de l'aventure surréaliste*, Paris, Corti, édition revue et corrigée, 1988.
— André Breton, *La lampe dans l'horloge*, Paris, Ed. Robert Marin, coll. « L'Age d'or », 1948.
— André Breton, *Œuvres complètes*, Paris, Gallimard, « Bibliothèque de La Pléiade », t. I, 1988, t. II, 1992, t. III, 1999.
— André Breton, *Perspective cavalière*, Paris, Gallimard, NRF, 1970.
— André Breton, *Poèmes*, Paris, Gallimard, 1948.
— André Breton, *Signe ascendant*, suivi de *Fata Morgana, Les État généraux, Des Épingles tremblantes, Xénophiles, Ode à Charles Fourier, Constellations, Le La*, Paris, Gallimard, coll. « NRF-Poésie », réédition avec illustrations colorées, 1999, [c1967].
— André Breton, *Le Surréalisme et la Peinture*, Paris, Gallimard, 1965.
— André Breton et Jean Schuster, *Art poétique*, Cognac, Le Temps qu'il fait, 1990.
— Jacqueline Chénieux-Gendron, *Le Surréalisme*, Paris, Presses universitaires de France, coll. « Littératures modernes », 1984.
— Jacqueline Chénieux-Gendron, *Le Surréalisme et le Roman*, Lausanne, L'Âge d'homme, 1983.
— Ernst Robert Curtius, *La Littérature européenne*, I, trad. de l'allemand par Jean Bréjoux, Paris, PUF, coll. « Agora », 1956.
— Geneviève Droz, *Les Mythes platoniciens*, Paris, Seuil, coll. « Points », 1992.

— Mircea Eliade, *Aspects du mythe*, Paris, Gallimard, coll. « idées, NRF »,
1963.
— Ernesto Grassi, *La Métaphore inouïe*, traduit de l'italien par Marilène
Raiola, Paris, Quai Voltaire, 1991.
— W.K.C. Guthrie, *Orphée et la religion grecque. Étude sur la pensée
orphique*, traduit de l'anglais par S. M. Guillemin, Paris, Payot, 1956.
— Horace, *Art poétique. Épître aux Pisons*, texte établi, traduit et annoté
par François Richard, Paris, Garnier, 1931.
— Victor Hugo, *Contemplations, Livre sixième : Au bord de l'infini,* dans
Œuvres poétiques, t. II, Paris, Gallimard, Bibliothèque de la Pléiade,
1967.
— Laurent Jenny, *La Parole singulière*, Paris, Belin, coll. « L'Extrême
contemporain », 1990.
— Jean-Marie Klinkenberg, *Essai de sémantique littéraire,* Toronto, Gref,
coll. « Theoria n° 1 » et Bruxelles, Les Éperonniers, 1990.
— Suzanne Lamy, *André Breton, Hermétisme et poésie dans* Arcane 17,
Montréal, Les Presses de l'Université de Montréal, 1977.
— Jean Laplanche et Jean-Bernard Pontalis, *Vocabulaire de la psychanalyse*,
Paris, PUF, 1967.
— Heinrich Lausberg, *Elemente der literarischen Rhetorik [Éléments de la
rhétorique littéraire]*, Munich, Max Hueber, 1967.
— Lautréamont, *Les Chants de Maldoror*, Paris, Laffont, coll. « Bou-
quins », 1980.
— Gérard Legrand, *André Breton en son temps*, Paris, Le Soleil Noir,
1976.
— Gérard Legrand, *Breton,* Paris, Les Dossiers Belfond, 1977.
— Claude Lévi-Straus, *Anthropologie structurale*, Paris, Plon, 1958.
— *Livre des Morts des Anciens Égyptiens*, introduit et traduit par Grégoire
Kolpaktchy, Paris, Stock, 1978, (1re édition Paris, Dervy-Livres, 1954).
— Longin, *Du sublime*, traduction, présentation et notes par Jackie
Pigeaud, Paris, Petite bibliothèque Rivages, 1991.
— Jean-François Lyotard, *Discours, figure*, Paris, Klincksieck, 1971.
— Charles Maturin, *Melmoth ou l'homme errant* (1820), repris dans
Romans terrifiants, Paris, Laffont, coll.« Bouquins », 1984.
— Jean-Michel Maulpoix, *La Notion de lyrisme, Définitions et modalités,
(1829–1913)*, Université de Paris X-Nanterre, Thèse de doctorat,
1987.
— Paul Moreau, *Ames et thèmes romantiques*, Paris, Corti, 1965.
— Michel Murat, *Robert Desnos. Les Grands jours du poète*, Paris, Corti,
1988.
— Pierre A. Riffard, *L'Ésotérisme*, Paris, Robert Laffont, coll. « Bou-
quins », 1990.
— Michael Riffaterre, *La Production du texte*, Paris, Seuil, coll. « Poétique », 1979.

— Michael Riffaterre, *Sémiotique de la poésie*, Paris, Seuil, coll. «Poétique», 1983.
— Arthur Rimbaud, *Œuvres complètes*, Paris, Gallimard, Bibliothèque de La Pléiade, 1972.
— *Trésor de la poésie universelle*, textes réunis et préfacés par Roger Caillois et Jean-Clarence Lambert, Paris, Gallimard/Unesco, coll. Unesco d'Œuvres représentatives / nrf, 1958.
— Hermès Trismégiste, *La Table d'émeraude*, Paris, Les Belles Lettres, «Aux sources de la tradition», 1994.
— Horace Walpole, *Le Château d'Otrantes*, Paris, Corti, coll. «Romantique», 1989.

2. ARTICLES

— Michel Beaujour, «Surréalisme et psychanalyse: sublimation», *Le Siècle éclaté*, n° 3, textes réunis par Mary Ann Caws, Paris, Minard, *La Revue des Lettres Modernes*, L'Icosathèque (20th), 1985, p. 5-19, repris dans Michel Beaujour, *Terreur et Rhétorique. Breton, Bataille, Leiris, Paulhan, Barthes & Cie. Autour du surréalisme*, Paris, Jean-Michel Place, coll. «Surfaces», 1999, p. 25-36.
— Michel Beaujour, «André Breton mythographe, *Arcane 17*», *Études françaises*, vol. 3, n° 2, mai 1967, p. 215-233, repris dans *André Breton*, essais recueillis par Marc Eigeldinger, Neuchâtel, Éditions de la Baconnière, 1970, et repris dans Michel Beaujour, *Terreur et Rhétorique. Breton, Bataille, Leiris, Paulhan, Barthes & Cie. Autour du surréalisme*, Paris, Jean-Michel Place, coll. «Surfaces», 1999, p. 97-111.
— Marie-Paule Berranger, «Paul Valéry corrigé par André Breton & Paul Eluard, *Notes*», *Pleine Marge*, n° 1, mai 1985, p. 103-106.
— Marie-Paule Berranger, «L'Un dans l'autre: plaisir de mots et jeux de substitution», dans *Du surréalisme et du plaisir*, textes réunis par Jacqueline Chénieux-Gendron, Champs des activités surréalistes, Paris, Corti, 1987, p. 73-84.
— Odile Bombarde, «André Breton, la rhétorique pour ou contre la poésie», dans *Poésie et rhétorique*, dir. par Yves Bonnefoy, Paris, collection «Pleine Marge», Lachenal et Ritter, 1997, p. 204-224.
— Claude Bommertz, «André Breton en exil: les Antilles comme modèle géographique du surréalisme. Une étude du recueil de poésie *Des 'Épingles tremblantes'* (mai 1941)», *Études Romanes*, XIV, *Conférences organisées/éditées par le Centre d'Études et de Recherches francophones (CERF) en 1997*, textes réunis et présentés par Frank Wilhelm, Actes de l'atelier «L'Écriture de l'exil dans la littérature francophone européenne» lors du Congrès du Conseil international d'Études francophones (CIÉF) en Guadeloupe, le 13 mai 1997, publications du Centre Universitaire de Luxembourg, 1998, p. 19-30.

— Claude Bommertz, « Ouvertures sur la dictée magique. Appareil titu-
laire et disposition des poèmes dans *Clair de terre* (1923) d'André
Breton », *Revue luxembourgeoise de Littérature générale et comparée*,
Centre Universitaire de Luxembourg, printemps 1999, p. 6-29.

— Claude Bommertz, « Le point sublime et les arts poétiques du surréalisme: théorie et pratique au sein de l'expérience surréaliste », dans
*Pensée de l'expérience, travail de l'expérimentation au sein des surréa-
lismes et des avant-gardes en Europe*, actes du colloque organisé par Jacqueline Chénieux-Gendron, Université Panthéon-Sorbonne, 4-6 juin,
2002, Louvain, Peeters, coll. « Pleine Marge », à paraître 2003.

— Claude Bommertz, « Voir l'invisible. Éblouissement et chant automatique dans la poésie d'André Breton, dans *Regards / mises en scène
dans le surréalisme et les avant-gardes*, textes réunis par Claude Bommertz et Jacqueline Chénieux-Gendron, Louvain, Peeters, coll.
« Pleine Marge », 2002, p. 97-114.

— André Breton, « En marge des Champs magnétiques », dans *Change*,
n° 7, Paris, Seuil, 1970.

— André Breton, « Du surréalisme en ses œuvres vives », dans *Manifestes
du surréalisme*, Paris, J.-J. Pauvert, 1979, p. 309-317.

— Jacqueline Chénieux-Gendron, « Bavardage et merveille, repenser le
surréalisme », *Nouvelle Revue de Psychanalyse*, XL, automne 1989,
p. 273-286.

— Jacqueline Chénieux-Gendron, « Jeu de l'incipit et travail de correction dans l'écriture automatique: L'exemple de *L'Immaculée Conception* », dans *Une pelle au vent, Les écritures automatiques*, études réunies
par Michel Murat et Marie-Paule Berranger, Lyon, Presses Universitaires de Lyon, 1992, p. 125-144.

— Jacqueline Chénieux-Gendron, « Plaisir(s) de l'image », dans *Du surréalisme et du plaisir*, textes réunis par Jacqueline Chénieux-Gendron,
Champs des activités surréalistes, Paris, Corti, 1987, p. 85-97.

— Jacqueline Chénieux, « Surréalisme: ordre et désordre, notes sur le
problème du *sens* », *Le Siècle éclaté*, n° 2, Paris, Minard, 1978, p. 5-11.

— Dominique Combe, « Rhétorique de la peinture », *Pleine Marge*,
n° 13, *Lire le regard, André Breton et la peinture*, juin 1991, p. 79-98.

— Michel Deguy, « Le grand-dire », dans *Du sublime*, Paris, Belin, « coll.
« L'extrême contemporain », 1988, p. 11-36.

— Marc Fumaroli, « Le grand style », dans *Qu'est-ce que le style*, Actes du
colloque international, Paris, Sorbonne du 9 au 11 octobre 1991, sous
la direction de Georges Molinié et Pierre Cahné, Paris, PUF, 1994,
p. 139-172.

— Julien Gracq, « Le surréalisme et la littérature contemporaine », dans
Julien Gracq, Cahiers de l'Herne, n° 20, textes réunis par J.-L. Leutrat,
déc. 1972, p. 189-204.

— Julien Gracq, « Spectre du *Poisson soluble* », dans *Préférences*, Paris, Corti, 1961, p. 133-152, repris dans *Œuvres complètes*, Paris, Gallimard, « Bibliothèque de La Pléiade », t. I, 1989.
— Laurent Jenny, « L'automatisme comme mythe rhétorique », dans *Une pelle au vent dans les sables du rêve, Les Écritures automatiques*, études réunies par Michel Murat et Marie-Paule Berranger, Lyon, Presses Universitaires de Lyon, 1992, p. 27-32.
— Laurent Jenny, « La surréalité et ses signes narratifs », *Poétique,* n° 16, 1973, p. 499-520.
— Alain Michel, « Rhétorique et poétique: la théorie du sublime de Platon aux modernes », *Revues des Études latines*, vol. LIV, 54ᵉ année, 1976, p. 278-307.
— Michel Murat, « Jeux de l'automatisme », dans *Une pelle au vent, Les écritures automatiques*, études réunies par Michel Murat et Marie-Paule Berranger, Lyon, Presses Universitaires de Lyon, 1992, p. 5-25.
— Michel Murat, « Les lieux communs de l'écriture automatique » dans *Littérature Moderne I. Avant-Garde et Modernité*, Paris, Champion-Slatkine, 1988, p.123-126.
— Jean-Luc Nancy, « L'offrande du sublime », dans *Du sublime*, Paris, Belin, coll. « L'extrême contemporain », 1988, p. 37-76.
— Paule Plouvier, « De l'utilisation de la notion freudienne de sublimation par André Breton », *Pleine Marge*, n° 5, juin 1987, p. 41-50.
— Paule Plouvier, « Utopie de la réalité, réalité de l'utopie », *Mélusine*, n° VII, 1985, p. 87-98.
— Marc Richir, « L'expérience du sublime », *Magazine littéraire*, n° 309, avril 1993, p. 35-37.
— Michael Sheringham, « André Breton et l'écriture du lieu », dans *Regards / mises en scène dans le surréalisme et les avant-gardes*, textes réunis par Claude Bommertz et Jacqueline Chénieux-Gendron, Peeters, coll. « Pleine Marge », 2002, p. 133-148.
— Michael Sheringham, « Genèse(s) de la parole poétique: lecture de *Carnet* (1924) d'André Breton », *Pleine Marge*, n° 11, juin 1990, p. 79-95.
— Michael Sheringham, « Miniaturisation, vie subjective et inscription du réel dans les poèmes d'André Breton », dans *André Breton, A suivre*, a curi di Maria Emanuela Raffi, atti del Convegno Padova, 6 dicembre 1996, Padova, Unipress, 1998, p. 39-58.
— Masao Suzuki, « En attendant *La Mort rose* – Une analyse de *Carnet* », *Pleine Marge*, n° 11, juin 90, p. 103-115.
— Yves Vadé, « Écriture et vitesse », dans *Regards/mises en scène dans le surréalisme et les avant-gardes*, textes réunis par Claude Bommertz et Jacqueline Chénieux-Gendron, Peeters, coll. « Pleine Marge », 2002, p. 279-298.